VOYAGE
EN FRANCE,
EN ITALIE
ET AUX ISLES DE L'ARCHIPEL.

TOME SECOND.

AF315041

VOYAGE
EN FRANCE,
EN ITALIE
ET AUX ISLES DE L'ARCHIPEL,

OU

LETTRES ÉCRITES
DE PLUSIEURS ENDROITS
DE L'EUROPE ET DU LEVANT
EN 1750, &c.

Avec des observations de l'Auteur sur les diverses productions de la Nature & de l'Art.

OUVRAGE TRADUIT DE L'ANGLOIS.

TOME SECOND.

A PARIS,

Chez CHARPENTIER, Libraire, Quai des Augustins, à l'entrée de la rue du Hurepoix, à S. Chrysostôme.

M. DCC. LXIII.

Avec Approbation, & Privilége du Roi.

TABLE

DES LETTRES

Contenues dans ce Volume.

DES LETTRES. vij

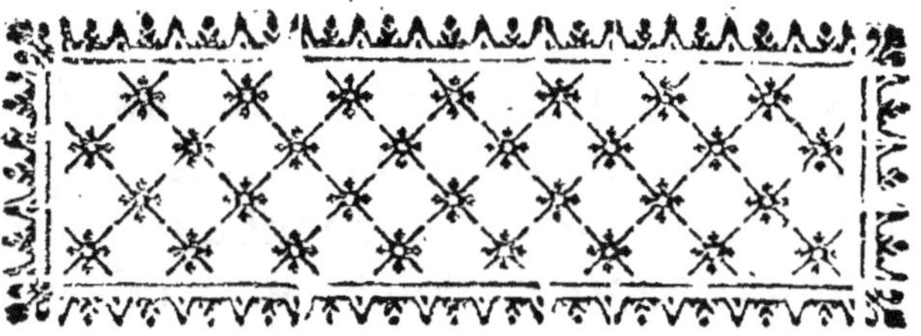

LETTRES

ÉCRITES

DE DIVERS ENDROITS

DE L'EUROPE ET DU LEVANT.

En 1750, &c.

LETTRE XXXVI.

J'AI paſſé deux jours à Gênes avec beaucoup de ſatiſfaction. L'aventure du poiſſon, loin d'attirer des affaires à mon ami comme je le craignois, avoit donné une ſi haute idée de ſa ſcience, qu'on nous traita avec toute ſorte de diſtinctions ; & je me trouve ici dans une poſition beaucoup plus gracieuſe que je n'ai encore été depuis mon départ.

Tome II. A

Gènes est agréablement située; cette ville est bâtie en forme d'amphithéâtre sur le penchant d'une petite montagne, avec un golfe devant elle, qui va en s'élargissant en s'avançant dans la mer. Le coup d'œil de la ville est très-agréable. Je n'aurois pas pu vous en dire autant lorsque je débarquai, parce qu'il souffloit un vent de sud-ouest très-violent; & que quand nous arrivâmes dans le golfe, nous avions autres choses à songer qu'à un paysage. Mais je m'y suis fait mener exprès, & j'ai choisi un moment où le tems étoit parfaitement beau.

La Ville est forte & belle; le côté qui fait face à la mer, est une suite continuelle de Palais, & le reste en général est fort bien bâti. Les fortifications en sont de bonne défense; l'étendue de la Ville a bien six milles ou environ, & pendant tout cet espace elles sont doubles, & joignent exactement des deux côtés jusqu'au bord de la mer. Il y a en devant deux moles, qui s'étendent autour d'un petit port construit dans le grand; on en

a commencé encore un troisiéme depuis que les François ont bombardé
la Ville en 1684. La partie intérieure des fortifications du côté de terre,
environne immédiatement la Ville;
l'extérieure en est considérablement
éloignée, & occupe tout le terrein
élevé qui la commande. Cette précaution est louable : c'est la moindre
chose que devoient faire pour leur
sureté les habitans d'une place aussi
charmante & aussi importante.

Tous ceux qui navigent devant la
face de la Ville, doivent la croire
bien plus étendue qu'elle ne l'est,
par le nombre des Palais bâtis sur la
côte à une petite distance, tant d'un
côté que de l'autre : cependant la
Ville n'a pas besoin de ce secours
pour paroître jolie. Les maisons sont
serrées les unes contre les autres, &
fort exhaussées; elles sont bâties en
briques ou en pierres; mais quels
qu'en soient les materiaux, le devant
en est tout couvert de plâtre, &
peint de diverses figures, ce qui
donne à la Ville un air de gayeté que
je n'ai pas encore vu ailleurs; la plû-

A ij

part des peintures font des payfages,
& des repréfentations d'ornemens
d'architecture, pour rappeller à l'i-
dée que les réels y manquent.

Je ne fçaurois faire mention des
Palais fans vous parler de celui de
Doria, & rendre honneur au célébre André Doria l'ornement de fa
maifon & de toute l'Italie, qui l'a
fait conftruire du tems de Charles V.
J'ai conçu une haute idée de ce grand
homme par tout ce que j'en ai entendu dire ; la vue de ce Palais m'en a
donné une encore plus grande. C'eft
celui qui fait la plus belle figure, même dans cette Ville, qui n'eft que Palais. La façade en eft d'une étendue
furprenante ; la pofition en eft fort
belle, & la mer baigne les murailles
de fes jardins. L'architecture en eft la
plus parfaite de toutes les maifons que
j'ai encore vues. Les jardins font
grands & élégans ; on y voit une profufion de piéces d'eau & de ftatues. Il
y a auffi de bonnes peintures dans les
appartemens, quelques buftes & des
bas-reliefs très-bien finis. La grande
connoiffance des arts polis pour la

quelle nous révérons ce grand homme, est le moindre des éloges qui
lui sont dus. Il étoit le chef d'une
famille illustre par les services qu'elle
a rendus à la République ; l'inscription qui se voit sur la porte du Palais, contient un long détail de ces
services, & des honneurs qui en ont
été la récompense ; on voit à l'entrée
du Palais du Doge une statue érigée
en son honneur sous le titre glorieux
de Libérateur de la République.

Ici les toits des maisons sont plats ;
leur grande hauteur, jointe à ce que
les rues sont étroites, rend les appartemens bas, fort obscurs : si c'est un
inconvénient pour la clarté, elle dé-
fend en même-tems de l'ardeur du
soleil qui y est brulant pendant tout
l'Eté. La profusion de marbre dis-
persé dans cette Ville, justifie le nom
qu'on lui a donné de Gènes la superbe : en effet, je n'ai jamais vu de
Ville qui en approche pour la magnificence. Je voudrois en pouvoir dire
autant des édifices publics, que de
quelques-unes des maisons des particuliers. La Cathédrale est un grand

vaiſſeau, mais qui fait une pauvre figure en comparaiſon de beaucoup d'autres dont je vous ai déja parlé. Qu'en penſerai-je donc quand j'aurai vu celles du pays que je vais parcourir ? Les pilliers de marbre qui ſoutiennent la voûte ſont aſſez majeſtueux.

J'ai vû ici un vaſe d'argent porté ſur quatre colonnes de porphire, que l'on dit contenir les cendres de ſaint Jean-Baptiſte. J'ai autant de foi à cette hiſtoire qu'à la légende du fameux plat que l'on montre auſſi à Gènes. Vous devez en avoir entendu parler. Les Voyageurs nous diſent qu'il eſt fait d'une ſeule émeraude ; je vous laiſſe à penſer quelle doit avoir été la pierre d'où on l'a taillé. Ces bonnes gens aſſurent que c'eſt le véritable plat dans lequel notre Sauveur a mangé l'Agneau Paſcal. On dit auſſi, par rapport à ſon origine, & ſon ancienneté, que c'étoit un des préſens que la Reine de Saba apporta à Salomon, quand elle vint le viſiter. C'eſt à la vérité un ouvrage très-noble & curieux ; il eſt d'une feule piéce, & je n'ai jamais vû de plus beau jafpe : il eft d'un beau verd de pré , affez tranfparent , mais pas également par-tout ; l'ouvrier qui l'a travaillé , n'a pas affez pris garde aux endroits obfcurs. Il eft aifé de voir qu'un Artifte moderne auroit pû faire d'un morceau femblable quelque ouvrage beaucoup plus beau.

Il femble que les propriétaires de cette curiofité ont envie de juftifier les anciennes hiftoires de ces pierres monftrueufes pour la groffeur, qu'on dit être en la poffeffion de quelques Monarques du Levant. Nous lifons qu'on fit préfent à un Roi d'Egypte d'une qui avoit quatre coudées de longueur & trois de largeur ; & d'un obélifque dans un temple de Jupiter, qui avoit quarante pieds de long, & n'étoit que de quatre émeraudes. Théophrafte parle de ces chofes comme rapportées dans les Commentaires ; mais il les décrédite en même-tems : car en parlant de l'émeraude, il avance que c'eft une des plus petites d'entre les pierres précieufes. Pline parle auffi d'éme-

raudes d'une groſſeur énorme , mais
elles ſont aſſurément ſemblables à
celle de Gènes ; les coupes , les colonnes & le plat , ſont tous de jaſpes
& d'autres grandes pierres , que l'ig-
norance & l'orgueil ont décoré de ce
beau nom.

Vous penſerez peut être que je n'ai
paſſé légerement ſur la Cathédrale
de Gènes , que pour donner plus de
grace aux éloges que je vais faire
d'une autre Egliſe de cette Ville.
Celle de l'Annonciation eſt l'édifice
le plus gai & le plus magnifique de
tous ceux dont cette Ville riante eſt
ſurchargée. Il l'emporte pour la
pompe & l'élégance, ſur tout ce que
j'ai encore vû dans ce genre , & me
donne un excellent avant-goût de ee
que je me ſuis attendu de trouver
dans les Egliſes d'Italie. C'eſt un bâtiment vaſte , très-bien fini , conſtruit
avec ce goût d'oſtentation naturel
aux Génois. Tout le toit en eſt doré,
les murailles ſont couvertes des peintures les plus exquiſes pour le tems
où elles ont été faites ; les pilliers
ſont de marbre & bien travaillés.

C'eſt une ſeule famille, appellée les *Lomellini*, qui a commencé & achevé cet édifice magnifique : quoique je ne devrois pas me ſervir du terme *achevé*, puiſqu'il reſte à finir le portail ; mais c'eſt un uſage ordinaire dans ce ſiécle : cela donne aux gens riches qui ont l'eſprit tourné à la dévotion, des occaſions de faire des embelliſſemens ; mais il faudroit pour achever ce portail un préſent bien conſidérable, qui n'iroit pas à moins de ſoixante mille *genuines*, c'eſt-à-dire, environ 370000 livres de notre monnoie.

Le reſte de l'édifice eſt fini de maniere à faire le plus grand honneur à ſes Fondateurs ; l'architecture en eſt pure & noble, la ſculpture très-belle, je n'ai rien vu de meilleur goût ; les peintures annoncent également le mérite de leurs Auteurs. Il y a en dedans de la façade un morceau de Procacini, qui m'a fait le plus grand plaiſir du monde, c'eſt la Cene : ce tableau eſt d'une grandeur prodigieuſe, & cette raiſon ſeule lui donne un air de majeſté qui étonne, &

ravit d'autant mieux , que cela eſt
ſoutenu par la beauté du deſſein. Ces
grands morceaux ont quelque choſe
qui rappelle ce grand génie qu'on
appercevoit dans les ſtatues coloſſa-
les des Anciens. Si ces montagnes
d'airain & de pierre , euſſent été
mal proportionnées, leur grandeur
énorme n'auroit fait que mettre les
défauts dans un plus grand jour, &
les faire mépriſer : mais quand la
correction du deſſein ſe trouvoit jointe avec cette nobleſſe de génie ,
l'éloge que tout l'enſemble for-
çoit de lui accorder, étoit mêlé
de ſurpriſe & d'étonnement ; les plus
grands juges du tems reconnoiſſoient
que le petit ſoldat de Polyclete étoit
extrêmement fini & parfait , mais ils
parloient avec bien plus de chaleur
des coloſſes de Lyndius.

Après le grand mérite que j'accorde à ce tableau, il n'eſt pas néceſſaire
d'ajouter que c'eſt *Camille Procacini*,
qui l'a peint. Tous les morceaux que
j'ai vûs de cette famille me détermi-
nent à mettre celui-ci fort au-deſſus
de Céſar & Antoine ſes freres , &

même d'Hercule son pere. Le génie
qui éclatte dans ce seul tableau suffit
pour justifier cette préférence ; on y
voit tout à la fois une invention
grande & heureuse, & plus de beauté dans la disposition du sujet que je
n'en ai vu dans tous les ouvrages qui
partent de cette famille. J'ai entendu reprocher à Camille de manquer
de correction dans ses desseins ; & je
crois en effet avoir vu de lui quelques piéces, qui, quoique bonnes,
annoncent à cet égard un peu de négligence : j'ai jugé en voyant plusieurs tableaux de Camille, que c'est
de tous les grands maîtres celui qui
posséde le plus de ce génie, & de ce
feu qui, en peinture, approche de ce
qu'on appelle *sublime* en littérature :
il a reçu incontestablement de la nature ce talent de penser noblement
& heureusement, à qui Longin donne le premier rang entre les qualités
nécessaires pour arriver à cette ex-
cellence ; & je me suis souvent rappellé ce que dit ce Critique équita-
ble des inexactitudes de Démosthè-
nes & de quelques autres qu'il avoue

pour de grands hommes, que ces défauts en eux venoient d'être trop abſorbés dans l'idée du grand, & trop attachés au ſublime pour ſonger à la correction qui eſt de moindre importance. On peut en dire autant de Procacini ; car quand je parlerai de ce Peintre même par rapport à ſes ouvrages les moins excellens, je ſupprimerai toujours le mot *Camille*, & je dirai Procacini tout ſeul. Si ſon deſſein eſt quelquefois peu correct, il eſt toujours grand : le génie & l'invention laiſſent à peine la liberté de prendre garde aux autres perfections moins importantes.

Il y a dans cette Egliſe d'autres morceaux de pluſieurs grands Maîtres, & en particulier, un de Rubens, qui à mon avis, eſt un de ſes meilleurs ; mais au milieu de l'attention & des éloges qu'on ne peut ſe diſpenſer de lui donner, Procacini ne perd rien de cette eſtime & de cette vénération, dont on eſt affecté, quand on le voit ſans le déſavantage d'un pareil objet de comparaiſon. Tandis que j'en ſuis à l'article des peintures, permettez-moi de vous parler des autres que j'ai vues dans cette Ville, & qui m'ont fait plaiſir. Je n'ai point rencontré ici cette profuſion de tableaux excellens, que les Voyageurs promettent de trouver dans les villes d'Italie. Je ne me rappelle pas pourtant qu'on ait dit que Gènes en a moins que les autres; mais il faut que cela ſoit, ou que les relations aient été embellies aux dépens de la vérité. Quoique je n'accorde point aux Génois un grand nombre de bons tableaux, il faut pourtant avouer qu'ils en ont de très-excellens. La lapidation de ſaint Etienne dans l'Egliſe dédiée à ce Saint, & peinte par Jules Romain, eſt un ſujet admirable. Il y a dans celle de S. François, un Baptême de Jeſus-Chriſt par S. Jean-Baptiſte, qui eſt un morceau achevé par le Tintoret; & on voit dans la *Ville impériale* deux tableaux des plus finis du Titien.

La Ville Impériale eſt un Palais ſitué à un mille de Gènes; elle diffé-re de tous les autres édifices, en ce

que la face n'en eſt point garnie de
peintures, ce qui donne aux autres
édifices, tant publics que particuliers,
un air ſi gai : il eſt compoſé d'un
rang de colonnes d'ordre dorique &
corinthien ; ſa ſimplicité a quelque
choſe qui dépare beaucoup les ornemens des autres.

La grande place fait face à l'Egliſe de l'Annonciation ; & à quelque
diſtance de là, on entre dans la
Strada Balbi, qui eſt une rue longue
& étroite ; mais garnie de bâtimens
très-beaux. Le Palais du Doge eſt
fort vaſte ; mais il n'a rien de bien
élégant, & figure mal auprès des
Palais du reſte des Nobles. L'Arce-
nal, à ce qu'on prétend, contient de
quoi armer quarante mille hommes.
J'ai pris plaiſir à y conſidérer quelques vieilles armures d'une fabrique
ſinguliere ; elles ont ſervi, dit-on,
à quelques Dames Génoiſes, qui firent une croiſade, & ſignalerent
leur courage d'une façon peu ordinaire. Il faut que ces femmes ayent
eu bien du bonheur de faire toutes
ces choſes, & de rapporter leurs ar-

mes pour en perpétuer la mémoire.
L'Eglise de S. Cyr , la Basilique
Sainte , est un édifice achevé ; elle est
extrêmement élégante en dedans ,
les pilliers en sont du plus beau marbre , & travaillés avec une grande
délicatesse. Le grand Hôpital est un
bâtiment vaste & noble , d'un goût
admirable ; on y a employé par-tout
le marbre avec profusion. Il est orné
des statues de ses principaux bien-
faiteurs , & l'on prétend qu'il peut
contenir plus de douze mille hommes. Ma main se lasse : Gènes est si
remplie des raretés , qu'il faudra que
je vous en entretienne encore le premier ordinaire.

LETTRE XXXVII.

Depuis ma derniere lettre , j'ai
visité le Palais de Balbi ; il est
situé dans une rue magnifique , à laquelle il a donné son nom. Ce n'est
que la maison d'un simple Noble ,
mais qui fait honte pour ses ameu-
blemens à la plûpart des Palais que

j'ai vus. On pafferoit un mois entier à confidérer un feul bâtiment de cette efpéce. Vous direz peut-être que j'ai contracté l'efprit des voyages en refpirant l'air d'Italie. Cela eft vrai, & tous ceux qui le refpirent, feront dans le même cas. Il y a ici plufieurs Vandiks fupérieurs à tous ceux que nous avons en Angleterre ; & entr'autres, le portrait d'une vieille affife fur une chaife, qui outre qu'il porte dans chaque trait la touche de cet excellent homme, a encore un caractère qui n'éclate pas d'une façon fi lumineufe dans fes autres ouvrages. On voit une adoration du Titien ; c'eft le plus beau morceau que j'aie vu de ce grand Peintre, & je défefpere de rien voir de plus parfait. Il y a plufieurs bons tableaux du Guerchin, difperfés dans les appartemens. Les Rubens & les Raphaels qu'on y voit, font d'une beauté à ne pouvoir s'en former qu'une foible idée. J'ai refté deux heures devant une feule piéce ; & en la quittant, j'étois au défefpoir de ne pouvoir pas paffer autant de jours à en contempler toutes les beautés.

Le Palais de Durazzo situé de l'autre côté de la même rue, m'a causé encore plus de surprise. J'y ai considéré avec ravissement une Impératrice Romaine de grandeur naturelle. C'est un morceau de sculpture, très-fini. Il y a aussi un buste de Vitellius & un Bachus sculptés en marbre, qui sont deux ouvrages parfaits. Les peintures sont estimables, & en plus grand nombre que les bustes. Les tapisseries de la plûpart des chambres, & sur-tout une tenture qui représente la vie de Moyse, exécutée d'après un dessein excellent de Raphael, m'ont fait plus de plaisir que bien des tableaux célébres. Il y a des tableaux du premier ordre, des plus excellens peintres ; mais particulierement d'un Maître dont je n'avois pas encore connu jusqu'alors le vrai caractère. Jamais peinture ne m'a causé tant de satisfaction que trois piéces que j'y ai trouvées de Luc Jourdan. J'ai toujours sçu distinguer la maniere de ce grand Maître jusque dans ses moindres morceaux ;

mais il me semble que ce n'est qu'a-
près quelques années de travail, qu'il
est arrivé à l'époque de sa grande
force. Il y a des Artistes, même parmi ceux qu'on regarde comme célébres, dont le plus grand mérite con-
siste à bien imiter la maniere des
grands maîtres ; il n'en est pas ainsi
de ceux qui possédent le vrai feu de
Promethée , & le génie de l'art.
Pour se montrer à son avantage, il
faut s'écarter de toute imitation , &
éviter de copier servilement la maniere des autres. Il n'y en a point en
qui cette qualité éclatte si visiblement que dans le Jourdan. Nous
avons en Angleterre quelques-unes
de ses piéces, où l'illustre Lord qui
les posséde, a toujours annoncé qu'on
pouvoit reconnoître la maniere des
maîtres sous qui il a étudié. Je lui ai
entendu dire en les montrant à des
personnes de goût : Ici vous voyez la
maniere de Spragolet son compa-
triotte ; dans celui-là vous voyez qu'il
a quitté Naples ; ici on voit toute la
grace du Cortone Romain. A mon
avis , c'est plutôt un défaut qu'un

mérite dans ces tableaux. Ses maîtres étoient deux hommes d'une réputation bien méritée ; mais sous le premier, il étoit encore enfant ; sous le second, il n'avoit pas un goût décidé ; & il a enseveli ses propres talens, tant qu'il a borné son ambition à imiter leurs perfections ; mais dans les morceaux qu'il a faits ensuite, on voit régner un style neuf & un caractère qui lui est propre ; on distingue l'effet d'une étude appliquée & la connoissance heureuse des monumens antiques ; on apperçoit ce maître qui forme sa correction sur ses modéles ; mais qui prend un style & une maniere particuliere à lui seul.

Il est bien singulier, qu'un génie si décidé ait été, quand il le vouloit, le meilleur copiste du monde. Ce n'est pas seulement dans ses premieres piéces qu'on s'en apperçoit ; il peut y avoir eu de l'étude alors ; il y a même toute apparence qu'en le faisant il visoit à la perfection ; mais dans beaucoup d'autres tableaux, ceux par exemple, qu'il a faits dans sa plus grande force, on voit qu'il

se joue du style des autres. J'ai reconnu dans plusieurs la maniere particuliere du Guide, celle du Bassan,
du Tintoret & du Titian. On en voit
qui ressemblent si fort aux ouvrages
de ces maîtres, que, moi qui n'aime
pas à faire peine à personne, je suis
certain que je pourrois vous faire
remarquer dans les cabinets d'Angleterre les plus précieux, des tableaux qui passent pour être du Titian & de beaucoup d'autres, & qui
sont incontestablement des jeux du
pinceau du Jourdan.

Le Seneque mourant dans le bain,
que nous avons vu ensemble avec
tant de plaisir à Burleigh, est une
copie d'un tableau inimitable du
Jourdan qui est dans ce Palais. On
m'a dit ici que l'escalier de l'Es-
curial mérite tous les honneurs, &
beaucoup plus que le prix dont le
Roi d'Espagne a acheté la visite de
ce fameux Maître dans son Royaume. Quoi qu'il en soit, il y en a deux
tableaux ici, le martyre de saint
Aquese, & la dispute entre Persée
& Phinée, qui annonceront à la

poſtérité, que les richeſſes, les titres & les Ordres qu'on lui a confé-
rés, n'ont pas été des recompenſes
ſupérieures à ſon mérite.

Les meubles ne ſont pas ce qu'il y
a de digne d'admiration dans le Palais de Durazzo. Celui du Duc Doria eſt à la vérité plus magnifique à
l'extérieur ; mais l'eſcalier & beaucoup d'autres choſes du dedans de
celui-ci ſont au - deſſus de tout ce
qu'il y a à Gènes & peut-être ailleurs.

L'Egliſe de Carignano eſt un édifice moderne très-élégant ; on y voit
deux tableaux excellens ; ſçavoir le
martyre de quelque Saint par Carlo
Marate, & un S. François du Guerchin. Ce ne ſont pas les ſeuls bons tableaux qu'on y trouve ; mais leur
éclat & celui du bâtiment même ,
ont été éclipſés pour moi par le Pont
ſur lequel on paſſe pour s'y rendre.
On l'appelle le pont de Carignano ,
parce qu'il conduit à cette Egliſe.
C'eſt un des plus nobles & des plus
hardis ouvrages modernes que j'aie
vus. Il ſert à joindre deux rochers

fort efcarpés par trois ou quatre arches; mais le deffein en eft grand,
& on fe fent frappé d'admiration en
le voyant.

Gènes doit avoir exifté dès les tems
les plus reculés. Les Auteurs les plus
exacts la donnent pour la Capitale
des anciens Liguriens; mais fuivant
les idées communes tirées des Auteurs claffiques, elle ne peut pas
avoir été bien confidérable. Nous
apprenons qu'elle fut réduite alors
en cendres par Mago le Carthaginois, du tems de la feconde guerre
Punique. Les Romains la rebâtirent
enfuite. Les Sarrafins la raferent auffi
jufqu'aux fondemens dans le dixié-
me fiécle; & les François bien plus
nouvellement, lui firent beaucoup
de dommage en la bombardant.
Quelle vénération ne doit-on pas
avoir pour la fainteté de Notre Dame des Vignes? Les gens qui régif-
fent cette Eglife ont confervé, &
montrent encore à préfent une bom-
be qui y tomba fans faire aucun dé-
gat. Quelle prééminence miracu-
leufe dans un tems où beaucoup d'au-

tres édifices sacrés ont été renversés
par ces machines sacriléges ?

On a regardé de tout tems les
Génois comme des menteurs ; le
peu que j'en ai vû, me fait presque
croire que cette maladie est hérédi-
taire , & s'est toujours perpétuée de
génération en génération. Gènes est
non-seulement le triomphe des faus-
setés ; mais elle a donné à bien d'autres l'occasion d'en dire. C'est à la
vérité une Ville noble & très-élégante, mais on a exageré beaucoup en
sa faveur. On voit dans toutes ses
parties une grande profusion de marbres ; mais il est faux qu'elle en soit
toute bâtie, les Voyageurs l'ont dit
& l'ont écrit ; mais dans la vérité les
maisons y font de brique ou de pierre. On vous a parlé des jardins sou-
tenus en l'air. En vérité je m'imaginois en voir de semblables à ceux de
Sémiramis à Babylone. Que direz-
vous de ces Historiens de ces mer-
veilles, quand vous apprendrez que
ces Jardins, dont on a si bien embelli
la description, ne font autre chose
que des pots de fleurs arrangés sur

des balcons, ou quelques fleurs an-
nuelles qu'on fait croître dans une
petite épaisseur de terre sur les toits.
C'est ainsi que ceux qui en font la
description, les représentent : & voilà précisément ce que sont les choses,
quand on les voit soi-même.

LETTRE XXXVIII.

LOrsque je vous ai écrit la derniere fois de Gènes, j'étois en
colère contre les Ecrivains de voyages, pour avoir exageré dans la description de cette Ville ; je le suis encore plus aujourd'hui de ce qu'ils
n'en ont pas assez dit de Pavie. Il est
vrai qu'actuellement on y voit peu
de choses qui méritent l'attention ;
mais n'auroit-on pas dû penser qu'il
est de leur ressort de nous apprendre
aussi-bien ce qu'une Ville a été autrefois que ce qu'elle est encore? Pavie,
dont le Château n'est plus qu'un
monceau de ruines, dont toute l'é-
tendue, à l'exception d'une rue assez
grande, n'est qu'une scene de désolation

lation, étoit autrefois la capitale d'un Royaume, & le séjour d'un puissant Monarque. Si l'antiquité a droit à nos égards, Pavie peut les exiger par cette raison. Le Tessin, le *Ticinus* des anciens, qui en baigne les murs, lui a donné le nom latin de *Ticinum* que nous connoissons. Pline qui en parle comme d'une place importante, fait honneur de sa fondation aux Liguriens ; & les Génois d'à présent ne veulent pas se désister de cette prétention ; mais il me paroît que cette origine est due avec plus de fondement aux Gaulois Boyens (les *Cenomani*) comme on les appelle. Attila la réduisit en cendres dans le cinquiéme siécle ; & Odoacre qui y poursuivit Orestes, la mit pour la seconde fois dans un état de désolation. Elle ne s'est guère mieux trouvée dans la dispute qu'eurent ensemble Rodolphe & Hugues d'Arles pour la succession à la couronne d'Italie. Il n'est pas surprenant qu'après de pareils accidens, cette Ville ne fasse pas une aussi brillante figure que quelques autres qui ont été plus heureufes. La ruine totale du Royaume de Lombardie dont elle étoit la Capitale, a porté les derniers coups à fon état florillant ; & comme fi ce n'eut pas été encore affez, la divifion entre les Guelphes & les Gibelins, & depuis entre la France & l'Empire, ont contribué à fa deftruction entiere.

Il ne faut donc pas s'étonner qu'une Ville foit réduite à peu de chofe, après avoir effuyé tant de malheurs coup fur coup. Les Rois Lombards ont fait leur réfidence à Pavie pendant plus de deux cens ans ; car ils gouvernerent l'Italie deux fiécles ; & ils avoient décoré Pavie par bien des Palais & des édifices publics. Ce qu'on y voit maintenant pour prouver fon ancienneté ne fe réduit pas aux feuls fragmens de ces édifices ; il y a près de l'Eglife de S. Laurent des ruines d'un Cirque ; & on y voit auprès un ancien marbre qui l'attribue à Athalaric.

On m'a mené voir le tombeau d'un Anglois au Couvent des Auguftins. Son épitaphe le qualifie Duc de Suffolk, & nous apprend qu'il fut tué à la bataille de Pavie. L'Histoire rapporte qu'il fut chassé d'Angleterre du tems d'Henri VIII. Il faut donc que ce soit le Chevalier Richard de la Poole, frere du Comte de Suffolk, qui pendant son exil aura pris le titre éteint depuis long-tems de Duc de Suffolk. On voit dans le même lieu, un monument érigé à la mémoire de l'infortuné Lionel Duc de Clarence, second fils d'Edouard III, qui s'étant rendu dans cette partie du monde, pour épouser une fille du Duc de Milan, mourut peu après son arrivée.

Une statue équestre élevée dans la place du marché a attiré mon attention, & a été pour moi la source d'un plaisir d'une espéce bien singuliere. Cent personnes à la fois vinrent m'en faire l'histoire & m'en expliquer le sujet. Un Citoyen fort grave me dit, qu'on l'appelloit le *Regisole*; & que ce n'étoit pas un ouvrage sorti de la main des hommes; il m'assura que cette statue avoit été faite pour Théodore le Grand, par l'ordre duquel un Magicien qui fréquentoit fa Cour, l'avoit travaillée. Un Medecin fçavant qui méprifoit les connoiffances de l'autre, quoiqu'il foutint la même opinion, s'arrêta pour me dire, que *Regifole* n'étoit qu'une corruption du nom latin, *Rex folis*, & que le Magicien qui l'avoit coulé, avoit prétendu faire la repréfentation d'Odoacre. Quelle idée prendrez-vous des Antiquaires de Pavie, quand vous apprendrez que ce *Regifole* Magique eft un chef-d'œuvre excellent d'un ancien Statuaire, qui repréfente Marc-Aurele ? Il fut transféré de Ravennes à Pavie ; mais foit pour fon origine magique, ou par quelqu'autre raifon, les habitans de Ravennes & de Pavie, femblent avoir pour elle une égale vénération qui va jufqu'à l'enthoufiafme. On m'a raconté à cette occafion dans mon auberge une hiftoire, qui en faifant connoître la vénération de ces deux Villes rivales pour le *Regifole*, m'a donné en même-tems une grande idée d'un Citoyen obfcur de l'une d'elles. Cofmode Magna fut le premier homme qui efcalada les murailles de Pavie, lorfque les François la prirent en 1529 : le Général qui vit la bravoure d'un fimple particulier qui fe diftinguoit d'une maniere fi éclatante, le fit appeller, & lui dit de demander pour recompenfe tout ce qu'il voudroit. Cet homme lui répondit, qu'il étoit citoyen de Ravennes, & qu'il demandoit le *Regifole*. Anciennement, dit-il, il appartenoit à Ravennes ; & fi j'ai eu le bonheur de mériter quelque faveur de mon Général, je fouhaiterois d'être l'inftrument pour faire rétablir cette précieufe ftatue au lieu où elle a été placée dans fon origine. Le Général y confentit ; on ordonna que la ftatue fut transférée ; & le peuple de Ravennes fe difpofoit déja à recevoir la ftatue & leur guerrier avec toutes les marques d'un triomphe : mais les habitans de Pavie qui ne faifoient pas moins de cas du *Regifole*, députerent tout le Sénat en corps pour fupplier le Général de révoquer cet ordre, & de leur laiffer la ftatue. La bonne politique ne vouloit pas que

le Commandant les refusât. Le sol-
dat fut recompensé par une couronne murale d'or massif, & la statue
est restée à la même place.

Elle est très bonne par elle-même ;
mais j'ai été choqué de voir aux talons de l'Empereur Romain, des
éperons à la moderne : ces éperons
aussi-bien que la bride & les étriers,
ont été ajoutés après coup par quelque ouvrier mal-adroit, aussi igno-
rant en fait d'Histoire, que dans sa
propre profession.

La Cathédrale est un édifice vieux,
bas, sombre & désagréable. Elle fait
un très mauvais effet, parce qu'elle
est placée toute de travers. Les Col-
léges n'ont pas lieu de se glorifier
beaucoup de la beauté de leur architecture. La Citadelle, à ce qu'on
prétend, étoit autrefois un très-beau
bâtiment. Les François l'ont détruite
la seconde fois qu'ils assiégerent Pavie : c'étoit un ouvrage de Galeas
Visconti. Le Pont que est dans cette
Ville, le morceau le plus hardi, le
plus frappant de ce genre qui soit
dans tout ce pays, & le triomphe de

l'architecture, offre un si beau témoignage du mérite de ce Prince,
qu'il rend croyable tout ce qu'on rapporte du Château.

LETTRE XXXIX.

EN voyant que c'est de Milan que
je vous écris, vous êtes déja curieux de voir la description de la
Cathédrale. Vous avez raison : ce
bâtiment est magnifique ; mais il a
aussi quelque chose d'assez singulier.
C'est une masse énorme d'ouvrage
gothique, tout de marbre. Le portail n'en est point achevé ; mais comme je vous l'ai déja observé, ce défaut est très-commun dans les Eglises
d'Italie. Le marbre est si abondant,
& coute si peu dans ce canton, qu'on
pourroit l'achever avec une dépense
peu considérable à proportion de l'effet qui en résulteroit. Ce qu'il y a encore de plus odieux, c'est que l'E-
glise est assez riche par elle - même
pour le faire. L'argenterie & les bijoux superflus & inutiles produiroient

trois fois plus qu'il ne faudroit pour cela : le seul revêtement des murs du caveau de S. Charles Borromée avanceroit beaucoup ; car il est d'argent massif. Mais il faudroit que les gens d'Eglise le fissent ; & outre que ce seroit dépouiller ces trésors, si l'Eglise finissoit ce portail, on n'auroit plus de prétexte pour exiger des legs & des présens. Il est honteux qu'un édifice si superbe ne soit pas fini sur le dessein de son Architecte ; mais il y a bien de l'apparence qu'il ne le sera jamais.

On voit dans cette Eglise une grande profusion de bronze & d'argent travaillé ; mais la fumée des lampes qui y brulent sans cesse, ternit l'éclat de tout, jusqu'à la muraille du dedans ; de sorte que tout y paroît d'une malpropreté révoltante. Pour pouvoir distinguer la beauté des materiaux, aussi-bien que d'une grande partie du travail, il faut les regarder en dehors. Auriez - vous imaginé qu'il pût se rencontrer dans une seule & même Eglise plus de onze mille statues ? On prétend qu'il

y en a ce nombre dans la Cathédrale
de Milan : en changeant un peu les
termes , cela peut être vrai ; car je
crois que le calcul est assez juste, si on
comprend avec les grandes toutes
celles qui les accompagnent , & les
différentes figures qui se trouvent
dans les bas-reliefs. La plûpart de ces
statues plus hautes que nature , ont
un grand air de noblesse. Il y en a plusieurs bonnes , mais particulierement
une d'Agrati qui surpasse presque tout
ce qu'a produit le ciseau moderne.
C'est un S. Barthelemi écorché , avec
la peau pendante sur ses épaules. Le
sujet a quelque chose d'horrible ; mais
il révolte beaucoup moins dans la
sculpture que dans toute autre représentation. Le Docteur Mead en a un
tableau , si je ne me trompe. Nous
rassemblons les idées d'horreur &
de sang , & le Peintre nous choque
avec son coloris. Le visage est à mon
avis plus expressif dans la sculpture
que dans tous les tableaux que j'en ai
rencontrés ; & les muscles y sont ex-
primés heureusement & avec jugement ; mais le blanc du marbre ,

B v

quand il n'y auroit rien de plus, ôte
tout le dégoût dont on eſt ſaiſi en
voyant la toille enſanglantée. S'il ſe
trouve quelque imperfection dans
cet excellent morceau de ſculpture,
c'eſt que la charge de la peau paroît
péſante & matte ; mais en conve-
nant du défaut, je ne ſçais comment
on auroit pû faire pour l'éviter. Vous
ſçavez que les Statuaires de tous les
ſiécles, ont trouvé que même les draperies de leurs figures faiſoient une
charge & un embarras dans les ſtatues ; quoiqu'elles ſoient une partie
très heureuſe de l'imitation du Peintre. Quand les anciens habilloient
leurs ſtatues, c'étoit avec des robes
minces qui tomboient tout plat ; en
même-tems qu'elles ne paroiſſoient
point embarraſſantes, elles laiſſoient
appercevoir les traits ; encore évi-
toient-ils ſouvent de les habiller ; ils
achetoient la beauté aux dépens de
la vraiſemblance. Le fameux Lao-
coon antique eſt nud, quoique Prêtre & dans l'attitude d'un homme qui
fait un ſacrifice. Quel défaut viſible
de vraiſemblance ! Mais le Sculpteur

a mieux aimé être grand dans le tout,
que d'être exact dans une circonstance particuliere.

LETTRE XL.

J'Ai été interrompu la derniere
fois que je vous ai écrit J'ai employé, depuis, quelques heures de
plus à visiter cette Capitale de la
Lombardie. Je m'égare, je me perds
dans la multitude des choses qui méritent de vous être mandées. Si toutes les Villes d'Italie fournissent autant de matiere à l'admiration, notre
tournée durera autant que la vie, &
j'aurai des volumes à vous écrire.

J'ai vu un bas-relief antique qui
surpasse tout ce que j'ai rencontré
dans ce genre : c'est une danse de
Bacchantes ; il y a quelques figures,
entr'autres un Saturne, dont l'élégance & l'expression sont inimita-
bles. Il est dans la gallerie de l'Archevêque, & faisoit autrefois partie
du cabinet Borghese.

Je n'ai jamais si bien sçu combien

le Titien eſt grand Peintre, que depuis que j'ai vû de lui dans cette Ville un Chriſt couronné d'épines, dans l'Egliſe de Ste Marie-des-Graces. Les morceaux que nous avons de ce grand homme, ſont ſi évidemment inférieurs à celui-ci, qu'ils doivent être ſans difficulté de ſes premiers ouvrages. Il régne dans la plupart un froid & une maigreur viſibles. Je les ai cru très-excellens, quand je les ai vûs; mais j'en penſe à préſent bien différemment. Il y a dans le coloris de ce tableau quelque choſe de moëlleux, qui le met infiniment au-deſſus de tous les autres; cependant avec toute cette force, il eſt délicat & doux au-delà de ce qu'on peut imaginer. L'attitude de la figure a une grace & une dignité plus que mortelle; & ſon viſage porte avec toutes les autres paſſions, une douceur & une humilité, que perſonne n'auroit pû allier ſi bien que Titien, avec la dignité & la douleur.

Les anciens diſent eux-mêmes que quand ils voyoient les ſtatues de Phidias, ils étoient étonnés comment

un homme, qui n'avoit jamais vu
non plus qu'eux les Divinités qu'il
repréfentoit, pouvoit acquérir une
telle connoiffance de leur forme, &
leur donner une expreffion qui rendoit leurs figures plus que mortelles.
Avant de voir ce tableau, je n'avois
pas pu comprendre la force de cet
éloge ; mais affurément, quoique
cette figure foit celle d'un corps humain, ce Phidias des Peintres y a
jetté, je ne fçai quoi, de plus que mortel. Cela fe trouve dans l'air, la maniere & l'expreffion ; mais à moins
que moi qui vous écris & vous à qui
j'écris, n'ayons étudié, comme le
Titien & Phidias ont fait fans doute,
ce que c'eft que perfection, dignité
& même divinité, indépendamment
de toute forme matérielle, il eft impoffible de nous communiquer l'un à
l'autre une idée jufte de ce tableau
admirable. J'entrois en extafe à mefure que je le regardois ; c'eft à jufte
titre qu'on a appellé ce Vénitien le
Prince de l'école Lombarde : mais
en vérité ce n'eft pas en dire affez.

Le fameux tableau de la Cêne,

par de Vinci, se trouve dans une Chapelle des côtés de cette Eglise. La face des deux saints Jacques, justifie tout ce qu'on a jamais dit à leur louange. On nous assure que le Peintre a laissé celle de la figure principale sans la finir, désespérant d'y exceller aussi bien qu'il avoit fait dans les autres. La peinture est sur la muraille solide; & ce visage est maintenant si fort endommagé par l'humidité, qu'il n'est pas facile de confirmer ni de contredire cette histoire.

On est depuis longtems dans le préjugé que les peintures de la Bibliotheque Ambroisienne, sont encore plus prétieuses que les livres. Peut-être a-t-on hasardé cette opinion devant quelque Anglois distingué qui ne l'aura pas cru ; après quoi elle sera devenue universelle ; pour moi je n'en crois rien non plus. A la vérité les peintures frappent la vue plus distinctement ; car les livres sont enfermés dans des armoires & ne figurent pas beaucoup ; mais quand j'ai eu pris la peine de les examiner, j'ai été surpris de ce que j'avois entendu. Le Cardinal Frederic Borromée a montré autant de gout que de magnificence dans le choix & la disposition du tout. Il a dépouillé toute l'Europe & l'Asie des trésors les plus précieux dans ce genre, pour en enrichir cette collection. Les peintures sont toutes d'une grande beauté, mais en petit nombre : au lieu que les manuscrits sont presque innombrables. Il y a un Sophocle du onzième siécle, écrit sûr soye en lettres d'or, & un Joseph sur du *phillirea* ou papier d'Egypte, à qui on donne douze cens ans d'ancienneté. On y trouve les manuscrits de Mathématique du fameux Leonard de Vinci, à qui on prétend que notre Roi Jacques I a offert trois mille pistoles d'Espagne pour la douziéme partie seulement. Il y a aussi deux lettres originales de Bajazet Empereur des Turcs ; elles sont en langue Grecque, & adressées à deux Papes. Elles concernent le soin qu'il les prioit d'avoir d'un Prince Turc nommé *Gemes*, qui étoit à Rome

après s'être échappé de son pays, &
qui, à ce qu'on prétend, est mort
ensuite de poison à Gayette.

J'ai été extrêmement frappé de
l'histoire d'un squelette qu'on m'a
montré dans une salle, proche de la
Bibliotheque. Il est d'une Dame de
cette ville, une des beautés les plus
célébres de son tems, qui a laissé ses
os pour servir de mémoire & d'exem-
ple aux femmes galantes de la Ville.

Entre les tableaux, sur les louan-
ges desquels il n'est pas nécessaire
que je m'étende, puisqu'on n'y ad-
met que les plus excellens, j'en ai vu
deux de Raphael, sçavoir une Ecole
d'Athènes en clair obscur, l'original
du fameux tableau à fresque qui est
au Vatican, & notre Sauveur lavant
les pieds de ses Apôtres. Il y a aussi
une Magdeleine du Titien, & son
portrait fait par lui-même. Les Elé-
mens de Binghell y font aussi une
très-belle figure.

Les façades des Eglises de Ste Marie & de S. Paul, sont deux morceaux admirables d'architecture,
construits sur les desseins d'Annibal

Fontana ; le portique de S. Sigifmond par Bromante, eſt pareillement un chef-d'œuvre de cet art.

Tout cela n'eſt encore rien à mon avis, auprès de la colonade antique qui eſt devant l'Egliſe de S. Laurent. C'étoit autrefois le portique d'un Temple, qu'on dit avoir été bâti pour Apollon & enſuite dédié à Hercules : il eſt compoſé de ſeize colonnes corinthiennes. On voit à une de ſes extrémités une inſcription en l'honneur de Lucius Caius, mais qui n'a rien de remarquable.

Le Confeſſionnal & la Chaire dans l'Egliſe de S. Alexandre, ſont magnifiquement décorés. Ils ſont couverts d'une eſpéce d'ouvrage de pampres fait avec des plaques de pierres polies, dont quelques unes ſont élégantes & bien choiſies, & les autres aſſez ordinaires. Le Tabernacle de l'Egliſe de S. Nazarine eſt extrêmement élégant. C'eſt un préſent du grand Duc de Toſcane, & une merveille dans ſon eſpéce, tant pour la matiere que pour le travail. Le pavé de l'Egliſe eſt de marbre Africain,

& fut placé aux dépens de Sefenna
femme de Stilicon : c'eft ce qu'on
voit par une infcription qu'on y conferve.

Si on ne trouve pas dans l'Eglife de
S. Etienne autant d'ornemens que
dans les autres, on en eft dédomma-
gé par fes curiofités. On voit contre
la muraille intérieure de cet édifice,
une roue de marbre rouge, autour
de laquelle eft gravé en gros carac-
téres, *Rota fanguinis fideiium*. Saint
Ambroife, à ce que dit l'hiftoire,
entra dans le lieu où eft bâtie maintenant l'Eglife, lorfqu'il venoit de fe
donner un combat fanglant entre des
bons Catholiques & des Ariens. Le
fang des deux partis couloit mélé &
confondu enfemble ; & ce bon Saint,
fâché de ce mélange, pria Dieu de
faire un miracle pour les féparer. Sa
priere fut exaucée ; le fang des fidéles fe fépara de lui-même d'avec celui des hérétiques, & fe raffembla
dans le creux d'une grande pierre
ronde qui eft dans ce pavé. On montre encore la pierre vis-à-vis de la
roue ; & le fait eft rapporté en latin

dans une inscription pompeuse qui finit par ces mots, *tu memoriam venerare, & miraculi vestigium adora.*

Il y a dans l'Eglise de S. Ambroise un reste de la superstition païenne, qui n'est pas méprisable. C'est un Serpent de bronze d'une très-excellente main, par lequel on a voulu représenter un Esculape ou un Mithras; ou peut-être est-il encore plus ancien, & représente-t-il un Knuphis ou Cneph Egyptien. Tout le monde sçait qu'on adoroit le Soleil sous cette forme. On n'ignore pas non plus que les Egyptiens révéroient leur Cneph sous la figure d'un Serpent, dont on formoit une figure circulaire, comme cet animal se replie de lui-même, ce qui étoit un emblême de l'éternité. Quoi qu'il en soit, les bons Catholiques de Milan donnent à cette figure une toute autre origine. Ils prétendent que c'est le Serpent d'airain que Moyse éleva dans le désert; & comme ils n'ont point de Serpens dont il puisse servir à guérir la morsure, on y porte, un certain jour de la semaine de Pâques, tous les enfans qu'on suppose attaqués de vers, pour être guéris en le regardant. La figure est placée sur une haute colonne de marbre.

C'est la fameuse Eglise dans laquelle le Saint, dont elle porte le nom, refusa de laisser entrer l'Empereur Theodose, après le massacre auquel il consentit à Thessalonique. On fait voir encore les portes d'airain qu'on ferma dans cette occasion pour l'empêcher de passer ; & on revere beaucoup le nom du Saint pour ce bel exploit. L'Eglise par elle-même est basse ; mais on en voit assez clairement la raison : c'est le seul édifice qu'ait épargné Frederic Barberousse ; & les ruines de l'ancienne Milan qu'il détruisit & mit en cendres, ont élevé le terrein des environs. On y voit quelques peintures & des statues qui sont estimables pour leur antiquité, quoique très-mauvaises en elles-mêmes.

Il y a une chose qui m'a fait en même temps du plaisir & beaucoup de peine. En examinant les quatre colonnes qui soutiennent le grand

Autel, on voit évidemment qu'elles ont été faites de deux anciennes colonnes qu'on a fciées par le milieu. Elles font de porphire & doivent avoir été très-nobles quand elles étoient entieres. A quelque diftance de la muraille de l'Eglife, il y a auffi une colonne antique d'ordre corinthien, qui fubfifte encore toute feule. Cette colonne & les autres font fans doute des reftes de quelque ancien bâtiment qui étoit autrefois dans cet endroit. On prétend que c'étoit un Temple de Jupiter, mais je ne fçais pas trop fur quel fondement.

LETTRE XLI.

Quand aurai-je fini de vifiter Milan ? j'ai vu beaucoup de chofes depuis ma derniere lettre ; mais ce n'eft pas encore tout : je ne m'étonne pas qu'on lui ait donné le nom de Milan la grande : elle eft digne d'être la Capitale d'un territoire plus grand que le Duché de fon nom. On

prétend qu'elle a plus de dix milles
de circonférence : c'eſt en effet une
des plus belles & des plus grandes
Villes que j'aie encore vûes. Les relations ne nous donnent que des idées
bien imparfaites de tous ces endroits.
Je ne la crois pas forte ; à la vérité
elle eſt environnée d'une muraille
qui a dix portes ; mais elle a trop
d'étendue pour être régulierement
fortifiée. Tout ce qui manque à la
Ville à cet égard, ſe trouve dans la
Citadelle : c'eſt un bâtiment régulier
& très-fort, qui commande toute la
Ville, & qui poſſéde avec juſtice la
réputation d'être la meilleure forte-
reſſe de l'Italie. La petite riviere
d'Olano qui paſſe à Milan, ne répond guère aux beſoins d'une grande
Ville ; mais en revanche ſa ſituation
compenſe bien le défaut d'une riviere
plus grande ; car la Ville eſt ſituée
dans une des plus agréables & des
plus fertiles plaines de l'Italie. Deux
canaux navigables par leſquelles Milan a communication avec l'Oder &
le Teſſin, la dédommagent amplement du défaut d'une groſſe riviere.

La Ville est bien bâtie ; elle a beaucoup de grandes places bien découvertes, & ses rues ne sont pas trop serrées. On y compte plus de deux cens trente Eglises & au moins quatre-vingt-dix Couvens tant d'hommes que de filles. Quand on se rappelle le nombre de personnes inutiles renfermées dans ces maisons, & la multitude d'habitans qu'il y a dans les quartiers de la Ville, occupés par les commerçans & les artisans, on n'est plus surpris qu'on fasse monter le peuple de Milan à trois ou quatre cens mille ames.

Vous avez vu l'estampe de saint George tuant le Dragon, d'après un tableau de Raphael. L'original est à Milan dans le Monastere de S. Victor, où on le conserve prétieusement. Il est incontestablement de la main à qui on l'attribue ; mais il n'a pas rempli la haute idée que je m'étois formée d'un morceau si célébre. On y voit bien cette force & cette dignité qui caractérise la maniere de ce Peintre inimitable ; mais il manque de cette grace qui brille dans beaucoup

d'autres de ſes ouvrages, & ſon coloris n'eſt pas digne de l'Auteur de
quelques tableaux que j'ai vus de ſa
main. Ceux à qui il appartient ne
veulent pas qu'on éleve le moindre
ſoupçon à cet égard ; cependant je
ſuis diſpoſé à croire que c'eſt un de
ſes premiers morceaux ; quoiqu'il annonce cette force d'eſprit & de génie , qui promettoit les morceaux
achevés qu'il a donnés enſuite ; on
n'y voit point cette beauté & ce fini
qui regne dans pluſieurs autres.

Vous rappellez-vous le nom d'un
Milanois nommé Quintus Novellius,
que Pline a immortaliſé. On l'appelle
Tricongius, en mémoire de ce qu'il
but trois conges de vin en préſence
de Tibere. Quel exploit ! on conſerve ſon viſage en relief avec une
inſcription, auprès de la porte neuve
à Milan, tandis que celui de beaucoup de gens de mérite de ſon tems
ſont reſtés dans l'oubli.

Il y avoit autrefois ſur une porte
de Milan la ſtatue d'un nommé
Touſa, qu'on ſuppoſe avoir donné
ſon nom à la porte. C'étoit une figure

gure de femme très-élégante, qui s'étoit expofée toute nue dans une attitude pleine d'indécence. Elle y eft reftée jufqu'au tems de S. Charles Borromée, qui la fit ôter. Voici l'hiftoire qui y avoit donné lieu. Une Dame d'une beauté finguliere s'avifa, dans le tems que Frederic Barberouffe affiégeoit la Ville, de fe montrer toute nue fur une des portes pour attirer l'attention des affiégeans, tandis que la garnifon fit d'un autre côté une fortie furieufe. L'Hiftoire dit que cette aventure eut un heureux fuccès. La ftatue eft encore exiftante ; on la conferve dans un Palais de la noble famille d'Archinte ; mais il n'eft pas facile aux étrangers d'obtenir la permiffion de la voir.

LETTRE XLII.

IL y a ici une Sainte dont l'hiftoire m'a extrêmement amufé. La dermiere curiofité qu'on m'a fait voir à Milan, eft le caveau de Ste Guillelmine. Je n'avois jamais entendu par ler de son histoire ; il n'est pas étonnant que les voyageurs n'en soient pas informés ; & je suis même surpris qu'on m'en ait fait part. Le caveau qui porte le nom de Ste Guillelmine, est une grotte, qui servoit de retraite, il y a environ quatre siécles, à la Sainte dont elle porte le nom. C'étoit une Dame d'une piété exemplaire, qui, après avoir employé un bien considérable à des œuvres de charité, dit l'histoire, & à rendre service au public, se retira dans cette voute obscure, qui n'étoit pas cependant sans quelque consolation. Elle avoit pour maxime de ne pas vouloir être troublée dans ses actes de dévotion, soit qu'elle y vacquât seule, ou accompagnée de ceux qu'elle admettoit à son amitié. La porte n'étoit ouverte alors pour qui que ce soit ; sa force, & encore plus le respect & la vénération qu'on avoit pour la Sainte, la rendoit imprenable. On auroit regardé comme un sacrilege la moindre tentative pour y entrer, ou même pour écouter ce qui s'y passoit. D'ailleurs, quand on

auroit voulu l'entreprendre, la nature du lieu auroit rendu l'exécution
impoſſible. La porte étoit fermée
régulierement à certaines heures, &
la dévotion duroit quelquefois beaucoup : d'abord le tems n'étoit pas
fixé, & la porte étoit ſouvent fermée à midi ; mais la Sainte étant
trop importunée, le monde s'aſſem-
blant en foule à une certaine diſtance
de l'entrée, pour avoir part à ſes
prieres, elle fut accablée de ſollici-
tations par les perſonnes dévotes qui
demandoient la permiſſion d'y être
admiſes. L'amour pour le bien, &
la haine de l'oſtentation, lui fit enfin
prendre minuit pour ſes plus grands
actes de dévotion ; elle n'y admettoit
qu'un petit nombre de ceux qui bri-
guoient cet honneur. La porte étoit
ordinairement fermée pendant deux
ou trois heures : ceux qu'elle hono-
roit de ſes inſtructions étoient alors
licenciés, non pas tous enſemble,
mais les uns après les autres, &
chacun recevoit ſes dernieres inſtructions avant de ſortir.

Cette pieuſe recluſe s'étoit fait

C ij

une régle de n'admettre que les jeunes gens, afin d'avoir des cœurs innocens & purs pour recevoir ses préceptes ; & afin que personne ne pût en médire par envie, les élus y venoient tous couverts d'un voile. C'eût été une marque d'irréligion de suivre ceux qui en sortoient, ou de les épier pour les reconnoître.

Il n'y avoit que les parens des admis qui en eussent connoissance ; & on les édifioit tous les jours de la seconde main par le récit des sermons de la bonne Dame. Enfin l'habitante de la caverne révérée vint à mourir, & fut mise au catalogue des Saints ; on rendit à sa mémoire des honneurs sacrés ; & ses Disciples obtinrent la permission d'être enterrés dans le même caveau où la bonne Dame avoit coutume de communiquer les avertissemens qu'elle recevoit du Ciel. La permission ayant été accordée, on déposa le corps dans le tombeau en grande cérémonie. Tout Milan révéroit jusqu'à son nom ; mais ses Disciples, composés d'un certain nombre de perfonnes de l'un & de l'autre fexe, fe raffembloient aux heures indiquées pour honorer fes cendres, réitérer leurs dévotions, & communiquer enfemble fur les chofes que la Sainte avoit coutume de leur dire pendant fa vie. Perfonne n'avoit la permiffion d'affifter à ces cérémonies, que ceux qui y avoient été reçus du vivant de la Sainte.

La cérémonie dura quelques mois; ceux qui fréquentoient le caveau, étoient regardés par toute l'Eglife avec vénération. Le cadavre de la Sainte s'étoit confervé d'une maniere furnaturelle, & il opéroit des miracles; on fongeoit déja à bâtir une Chapelle au-deffus de la grotte. Dans ces entrefaites, un jeune citoyen de Milan époufa l'une des élues: c'étoit la plus aimable fille de fon tems. Ils furent heureux, dit l'hiftoire, quatre mois. A la fin le mari, dont l'amour ne faifoit que s'accroître par la poffeffion, commença à murmurer des heures que la dévotion de fa femme pour le caveau déroboit à fa paffion. Il fit quelques inftances pour être admis parmi la troupe choisie ; mais ses sollicitations furent vaines : ce qui l'en excluoit, n'étoit pas défaut de piété de sa part, mais la rigueur des régles. Si quelqu'un eût pu être admis de nouveau, à coup sûr son cher mari l'eût été : elle l'avoit proposé à une assemblée ; on lui avoit répondu que la Sainte n'avoit pas permis d'y recevoir personne. Le bon homme se rendit ; mais c'est une mauvaise chose qu'une soumission forcée : il brûloit d'envie de sçavoir en quoi consistoient ces rits secrets ; peut-être même avoit-il conçu quelque soupçon. La Dame un jour, à l'heure de se coucher, le quitta pour se rendre avec d'autres à leur dévotion. Elle avoit laissé à la maison un de ses voiles : le mari s'en étant affublé, alla droit à la cellule, frappa hardiment & fut admis. Il y étoit des premiers ; il se cacha dans un recoin obscur, d'où il vit entrer tous les autres par bandes. Le dernier étant entré, on commença les cérémonies.

Jamais personne n'avoit été témoin

de tant d'horreurs & d'une scène de débauche si variée. Le bon homme les vit tous commettre sans honte des infamies en présence les uns des autres. Ce n'étoit pas la peine d'empêcher sa femme d'être prostituée pour cette nuit ; une séance de plus, jointe à celles qui avoient précédée, n'étoit qu'une bagatelle : il la vit donc passer successivement dans les bras de deux dévots, & fut obligé d'attendre avec patience la fin de la cérémonie. Sitôt que l'assemblée fut licenciée, il sortit dans la foule, arriva au logis avant sa femme, & lui entendit répéter les éjaculations & les prieres de toute l'assemblée, avec une édification chrétienne. Il prit le parti de rester tranquille jusqu'au lendemain matin ; sitôt qu'il fut habillé, il alla trouver le Magistrat, qui après avoir pris son serment, reçut la plainte. Les circonstances étoient trop fortes pour en pouvoir douter. On mit tous ces gens en prison, du moins ceux qui étoient connus. Le mari se vit débarrassé de sa pieuse femme ; & l'on exhuma le corps de Ste Guillelmine,

que l'on fit brûler par la main du
Bourreau.

LETTRE XLIII.

LAissons en paix les cendres de
Guillelmine ; j'ai quitté le lieu
où elles ont été jettées au vent, &
je suis arrivé à Brescia. Cette partie
de l'Italie est plutôt un grand jardin
qu'une campagne ouverte : le soleil,
le ciel, l'air, tout contribue à la
pompe & à la beauté des objets, &
fait qu'on se croit transporté dans
un nouveau monde. Vous ne sçau-
riez concevoir combien je me féli-
cite d'avoir eu assez de résolution
pour entreprendre mon voyage; mais
il faut vous parler de Brescia. C'est
une Ville capitale, fort agréable,
mais peu étendue, en comparaison
de celle que je viens de quitter. On
avoue qu'elle n'a pas plus de deux
milles & demi de circonférence, &
à la voir d'une certaine distance,
elle paroît encore plus petite. Ses
rues sont fort étroites, & elle est si-

tuée au pied d'une montagne : on la
voit toute d'un coup d'œil ; elle fait
un assez bel effet : les rivieres Mela
& Gazza l'arrosent. Il y a un bras de
l'une des deux qui passe par chacune
des rues principales. C'étoit autrefois une place assez importante ; mais
les factions des Guelphes & des Gibelins l'ont presque entierement détruite. On l'a depuis réparée & re-
bâtie en grande partie ; c'est à présent une des Villes les plus belles &
les plus florissantes du territoire de
Venise. Les maisons y sont régulieres & bien bâties. Il y a plusieurs places spacieuses & bien découvertes ;
les bâtimens publics n'y sont pas
nombreux ; mais ils sont beaux : le
principal est la citadelle qui est très-
forte & construite à la moderne.

Brescia est une ville ancienne ;
les Romains l'appelloient *Brixia* ; &
Catule la nomme la mere de Ve-
ronne. On prétend que ce sont les
Cenomans, le second corps des Gaulois, qui passerent les Alpes sous
Elitonius, qui l'ont bâtie ; mais on y
trouve peu de monumens qui an-

noncent son antiquité. Il y a cependant une chose qui fait voir combien la même espéce de Manufacture peut subsister longtems dans un même lieu. Les Bressians sont les meilleurs ouvriers en fer de toute l'Italie; ils excellent principalement à fabriquer des armes. On trouve, par plusieurs inscriptions, qu'ils y excelloient déja du tems des Romains. Il y en a une entr'autre qui fait mention expresse des *Collegia Centoniarum fabrorum.*

Cette Ville regrette la perte d'une statue consacrée à une Divinité inconnue. J'en ai vu la figure & une copie de l'inscription que l'on conserve, & qui ont quelque chose de particulier. La statue est maintenant ailleurs; & les Bressians regardent comme une honte éternelle pour leur Ville, de l'avoir laissé emporter. On l'avoit trouvée à Bresse en creusant la terre, il y a bien des années, & elle étoit d'un travail excellent. C'étoit la représentation d'un vieillard respectable & plein de dignité, habillé à la Phrygienne, debout & dans une attitude aisée, avec un hibou à ses pieds ; & l'inscription ne contenoit que ces deux mots, *Deo Noctylio.* Elle doit avoir été unique ; car on ne trouve rien de semblable dans les Collections des curieux ni dans les ouvrages des Antiquaires. Je n'ignore pas que Bacchus est appellé en quelques endroits *Noctylius* ; mais ce ne peut pas être une statue de ce Dieu ; sa face, son air, son aspect, n'en donnent point cette idée ; & on n'y trouve aucun des attributs de Bacchus. Il y avoit une espece d'Orgies instituées en l'honneur de Cybele, que l'on appelloit *Nyctilia sacra.* Atys, principal Prêtre de cette Déesse, étoit toujours représenté comme un grave & vénérable vieillard. Jusques-là le symbole se rapporte ; & quoique ce n'en soit point assez pour conjecturer que ce soit sa statue, il n'y a rien du moins qui y soit contraire.

L'Eglise de S. Lazare ne figure pas beaucoup auprès de plusieurs, dont j'ai eu occasion de vous parler déja dans le cours de mon voyage. Que seroit-ce auprès de celles qui me restent à voir. Malgré ce désavantage, elle a un air de magnificence & un caractère d'élégance qui me plaisent beaucoup pour le présent. C'est une sorte de délassement pour l'esprit qui a été tendu à contempler des objets vastes & des spectacles d'une admiration gênante, de tomber sur d'autres qui, quoique moins magnifiques, ont cependant leur mérite & plaisent sans étonner. Il y auroit de l'injustice, après avoir parlé de S. Lazare, de ne rien dire de Ste Affre. Elles ont toutes deux des beautés en dedans. On voit dans la premiere plusieurs beaux morceaux du Titien ; & dans Ste Affre un étendard, par Paul Veronese, qui est une excellente chose dans son genre. Il y a aussi une Transfiguration, du Tintoret, qui ne céde en rien aux autres ouvrages que j'ai vûs de la même main. La Cathédrale offre une rareté dont je ne sçais que vous dire. Ils ont dans cet endroit une façon imparfaite de montrer les choses, qui fait qu'un étranger ne les voit jamais bien. Je croirois volontiers qu'ils ont des raiſons pour prendre cette précaution. Le plat prétendu d'émeraude dont je vous ai parlé dans une lettre précédente, eſt enfermé ſous treize ſerrures, dont les clefs ſont entre les mains d'autant de perſonnes de la premiere conſidération ; ce qui fait qu'un étranger a de peine à obtenir de le voir : & quand il y parvient, il eſt tellement entouré & le voit de ſi loin, qu'à peine peut-il dire, s'il eſt rond ou quarré, de pierre ou de cuivre. Il y a quelque choſe d'à-peu-près ſemblable dans la relique qui eſt à la Cathédrale de Breſſe ; à la vérité elle n'eſt pas ſi bien fermée à clef ; mais il eſt auſſi difficile de la voir quoique de loin. C'eſt une Croix de couleur bleue, dont la matiere, à ce qu'on prétend, eſt inconnue. Mon ami leur dit qu'il gageroit cent contre un, que ſi on lui permettroit de la voir à ſon aiſe, il leur diroit de quoi elle étoit faite ; mais on nous a puni de cette hardieſſe ; car nous l'avons vûe plus imparfaitement que nous n'aurions fait ſans cela. Tout le monde s'accorde à dire qu'elle a appartenu à Conſtantin : quelques-uns préten- dent que c'étoit ſon *Labarus* ; les Prêtres aſſurent que c'eſt ſon fameux Oriflamme ; mais c'eſt une conjec- ture qui me paroît mal fondée.

Breſſe a beaucoup de choſes qui m'ont fait plaiſir. Le Palais du Gou- verneur eſt un beau bâtiment ; celui où on rend la Juſtice eſt auſſi fort grand & aſſez élégant ; & il y a dans le portique de la façade quelque choſe qui produit un très-bel effet. Il a au moins un quart de mille de face, & eſt tout habité par des Ar- muriers, qui y ont chacun des bouti- ques & des logemens ſéparés. Les mines de fer qui fourniſſent la ma- tiere de ces ouvrages, (càr on le travaille, depuis ſa ſortie de la mine, juſqu'à ſa derniere perfection) ſont dans les montagnes au nord de cette Ville. Ces montagnes, comme il arrive toujours dans les endroits où il y a des mines, ne produiſent preſ- que aucuns végétaux.

Mon ami penſa y éprouver un ſort bien malheureux. C'étoit ce dont je

J'aurois le moins soupçonné, & le hazard le plus singulier me fit trouver à portée de le secourir. Vous ne serez pas surpris que sa curiosité lui ait fait souhaiter de voir les mines de fer ; mais vous le serez d'apprendre le guide qu'il avoit pris pour l'y conduire. A peine avions-nous apperçu l'ombre d'une femme depuis notre arrivée en Italie ; jugez si je fus étonné à Bresse de les voir paroître dans les rues, avec des chapeaux comme en Angleterre. Mon grave ami en avoit rencontré dans son chemin le soir une du plus bas étage, & étoit convenu avec elle qu'elle le viendroit joindre le lendemain, tandis que son mari seroit allé travailler, au pied de la montagne pour lui montrer le chemin des mines. Quoique les Bressians laissent plus de liberté à leurs femmes, ils ne sont pas moins jaloux que les autres Italiens : le mari eut quelque soupçon de l'affaire ; il épia sa femme, la vit aller trouver son galand hors de la Ville ; si je ne me fusse pas levé de bonne heure par hasard pour

aller prendre le frais au nord de la
Ville, l'aventure auroit eu sans doute
une fâcheuse catastrophe. Je me hâ-
tai d'arriver au coin d'un champ, où
je vis trois personnes en grande dispute; je soupçonnai aisément le sujet
de la querelle; car la femme se mit
plusieurs fois entre les deux hommes,
& je la vis plusieurs fois se jetter à
genoux. Imaginez quelle fut ma surprise, lorsqu'en approchant je vis que
mon compagnon étoit l'objet du res-
sentiment de cet enragé. Si le mari
avoit l'air de Vulcain, le galand ne
ressembloit guère à Mars; la Venus
étoit dans l'attitude de suppliante;
mais ses prieres ne faisoient qu'irri-
ter le mari de plus en plus. Il étoit
sur le point de se défaire du délin-
quant avec une espéce de poinçon de
fer, dont on se sert pour percer des
trous dans le fer rouge. Il me pria
en mauvais Italien, de ne pas m'op-
poser à la vengeance d'un mari ou-
tragé, & croyoit que je serois assez
Italien pour passer mon chemin & le
laisser faire. Je ne sçais si ma réthorique le désarma, ou la pensée plus

puiſſante que nous étions deux contre
un ; mais j'eus bien de la peine à le
vaincre. Mon Ami proteſta qu'il n'a-
voit eu aucuns deſſeins contre l'honneur de la Dame ; mais il le fit de ſi
mauvaiſe grace, que je fus convaincu
du contraire. Cependant moyennant
quelque argent, l'Italien promit
d'oublier tout, & ils ſe quitterent
bons amis.

LETTRE XLIV.

SI vous euſſiez vu la mine de mon
ami, quand je le trouvai entre les
mains de ſon adverſaire furieux, vous
auriez penſé qu'il ne falloit pas un
grand effort de réthorique pour le
déterminer à quitter la Ville ſur le
champ ; mais il y a dans l'eſprit de
l'homme, & ſur-tout dans celui d'un
Philoſophe, un principe ſupérieur à
toute crainte ; & c'eſt la curioſité.
Envain je lui repréſentai la jalouſie
des Italiens, le caractère traître des
maris de ce pays, & qu'il y avoit
peu de fonds à faire ſur une récon-

liation forcée ; rien ne put l'engager à partir avant d'avoir visité les mines.

N'y ayant pas moyen de le vaincre, je résolus de ne pas lui laisser faire un pas sans moi. Il avoit raison en effet, de souhaiter de les voir ; quoique l'aspect en ait quelque chose d'effrayant, je n'oublierai jamais le plaisir que j'y goutai. Je suis devenu aussi grand partisan de l'histoire naturelle que mon ami : & je crois que je grimperois le long des rochers, & que je descendrois dans les cavernes aussi volontiers, si je sçavois comme lui les moyens de trouver les choses que je chercherois.

J'avois pensé qu'il y avoit quelque singularité dans la pierre de la plûpart des édifices de Bresse ; celle de la Maison de Ville en particulier avoit l'air si peu commune, que j'avois cru d'abord tout l'édifice de marbre. Nous rencontrâmes ici les carrieres d'où on avoit tiré ces materiaux ; & en examinant quelques piéces rompues & nouvellement tirées de la terre, je fus encore plus charmé de leurs couleurs. C'eſt une pierre fort dure, dont le fond eſt de couleur bleue , parſemée de taches rouges & noires , & entremêlé de rayes d'un blanc luiſant & argenté. Cette matiere ſemble diſtinguée du reſte de la pierre, & avoir été jettéc parmi la matiere bleue , dans le tems où elle étoit molle & flexible comme de la pâte. Elle a beaucoup de reſſemblance avec quelques eſpé-ces de granite commun que j'ai vues ; & ſi les ouvriers m'ont accuſé juſte en parlant de ſa dureté , elle ne le céde guère en cela à cette pierre élégante. Je ſuis perſuadé qu'elle fi-gureroit beaucoup mieux qu'on ne penſe , ſi elle avoit l'avantage de re-cevoir un beau poli. Leur carriere n'eſt pas une grande couche de ma-tiere ſolide, comme la plûpart des autres pierres,auſſi-bien que les diffé-rentes ſortes de marbre ; mais les pierres y ſont en groſſes maſſes pla-cées confuſément les unes ſur les au-tres , & dont quelques-unes peſent plus de deux milliers.

Les monceaux de cette pierre ſe

trouvent au pied des montagnes ; &
les ouvriers remarquent que leur lit
court avec beaucoup de régularité à
une grande étendue : car en quelque
endroit que l'on ouvre la terre dans
cette situation , on est certain d'en
trouver. C'est ce qui fait qu'on n'en
rencontre nulle part de grandes carrieres ouvertes ; mais par-tout où on
a dessein de construire un bâtiment,
on fouille dans le côté de la montagne à cette hauteur , le plus près du
lieu que faire se peut , & l'on en trouve toujours avec la même abondance. Comme nous montions sur les
montagnes passablement hautes , le
terrein nous sembloit absolument
stérile & désolé. On ne trouveroit
point ici cette verdure qui nous avoit
tant récréé la vue dans le terrein uni ;
point d'arbres fruitiers, point de ces
fleurs émaillées qui naissoient au bas
de la colline , & même auprès des
carrieres de pierres. Nous n'avions
au-dessus de nous que des rochers
nuds , & l'on ne pouvoit distinguer
çà & là des deux côtés , qu'un peu
de pâture séche & aride ; point de

terrein labouré aux environs , ni même aucune apparence de vignes. Nous grimpâmes la montagne , qui étoit quelquefois fort escarpée, par le secours de quelques grosses masses de pierre , & des morceaux grossiers & inutiles, qu'on avoit jettés de tems à autre hors de l'embouchure de la mine qui étoit au-dessus, & qui avoient roulé plus ou moins loin vers le bas de la montagne : nous passâmes en montant par quelques rochers voutés d'une pierre noire, qui résistant mieux à l'action du tems que le reste de la matiere plus poreuse de la montagne , s'avançoit à quelque distance hors de la surface de ses côtés : après en avoir cassé quelques morceaux , mon Ami y reconnut des lits d'un marbre noir très-beau. Nous qui ne sommes accoutumés à voir le marbre que poli & mis en œuvre , nous n'imaginons pas combien il fait une laide apparence dans la terre. Ce qui m'embarrasse , c'est de sçavoir ce qui a pu déterminer les hommes à essayer de le polir. J'ai pensé rire au nés de mon Ami de ce qu'il me difoit de cette pierre, la plus groffiere & la plus vilaine que j'euffe jamais vue ; mais lorfque nous retournâmes enfuite à la Ville, je trouvai qu'il avoit raifon. Il préten-doit fe donner un certain relief dans la Ville, en annonçant qu'il y avoit dans le voifinage une carriere de marbre ; mais on le fçavoit déja, & même prefque tout le marbre de cette couleur qu'on voit dans les Eglifes, en avoit été tiré.

Après avoir monté long-tems & avec peine, nous arrivâmes enfin à l'embouchure de la mine, dont on nous avoit montré le chemin. En en-trant par une crevaffe naturelle d'un rocher rougeâtre dans une efpéce de prifon finguliere, nous defcendîmes d'abord perpendiculairement à une profondeur confidérable, au moyen d'une machine faite exprès pour def-cendre les ouvriers, & tirer en haut la mine. Nous fuivîmes notre route enfuite le long d'un paffage étroit, quelquefois en marchant droit, & quelquefois le corps courbé prefque en double. J'étois extrêmement fa-

tigué, & j'aurois défiré de tout mon
cœur être dehors : à la fin je trouvai
qu'en effet l'objet que nous étions ve-
nu chercher valoit bien la peine que
nous avions prife. Nous entrâmes
alors dans une grande caverne où les
mineurs étoient occupés à travailler :
ils avoient fuivi bien des années la
veine de la mine à travers une fente
naturelle dans les rochers qu'elle rem-
pliffoit jufqu'en haut, c'étoit précifément le chemin que nous avions
parcouru. Ils en étoient pour lors à
ce qu'ils appelloient le corps de la
mine. Quoiqu'ils y euffent déja travaillé long - tems , ils comptoient
qu'elle ne finiroit pas fitôt. La terre
minérale étoit autour d'eux de tous
côtés, & ils n'avoient autre chofe à
faire que de la détacher avec une efpéce de petits inftrumens, & de l'envoyer en haut. Elle étoit fort riche ,
& repréfentoit une variété infinie de
figures. Après ce récit, vous ne ferez
pas furpris d'apprendre que jamais
les minés n'ont été dans un état fi
floriffant qu'à préfent.

La cavité où nous nous trouvâmes,

reſſembloit à une grande ſalle, de
plus de quatre-vingts pieds de longueur & vingt-cinq en largeur. A la
vérité ſa hauteur n'étoit pas propor-
tionnée exactement à ſes autres di-
menſions ſuivant les regles de l'architecture ; en général elle n'étoit
que de ſept pieds ; mais de tems à
autre elle s'élevoit en eſpéces de dômes d'une très-belle apparence, &
formés par la main de la nature. Les
mineurs avoient laiſſé d'eſpace en eſpace des pilliers de la pierre naturelle pour ſoutenir la voûte , & l'empêcher d'écrouler ſur eux. Pour lors
ils travailloient à un des angles du
fond.

Eloignée comme l'étoit cette
étrange caverne de la région du
jour , & hors de toute communication avec la lumiere , une petite reſ-
ſource lui en donnoit une quantité
ſuffiſante. Les Mineurs travailloient
à la lueur d'une petite bougie pas
plus groſſe que celle que l'on met en
pains : & une ſeule de ces bougies ré-
pand beaucoup de clarté dans toute
la partie du ſouterrein où on l'allu-
me.

me. Il y en avoit environ une demi-douzaine d'autres de même grosseur, attachées contre les pilliers qui soutenoient la voûte, afin de nous faire voir toute la place ; & ces petites lumieres éclairoient plus cette vaste salle, que certaines Eglises moitié plus petites ne le font avec une demi-douzaine de lustres. Je ne doute pas que le peu d'élévation du plancher, & la surface luisante des pierres & des rochers de toutes parts, ne concourent en quelque sorte à produire cet effet ; mais à coup sur, l'œil lui-même a aussi sa part dans l'illusion ; & l'obscurité parfaite d'où il sort en entrant dans cette place éclairée, ne contribue pas peu à lui donner une apparence plus brillante qu'elle ne l'est réellement.

La premiere observation que mon compagnon me fit faire, fut celle des diverses embouchures des autres filons qui se rendent de toutes parts à ce grand réservoir. Il me fit parcourir tous les côtés de la caverne, & me les montra dans le rocher solide en forme de larges crevasses, toutes remplies de mine , & qui atteignoient les unes perpendiculairement, les autres en ligne oblique, depuis la voûte jufqu'au pavé du fouterrein. Il me dit que c'étoient autant de veines de metal , qu'on pouvoit fuivre comme une mine particuliere , & creufer avantageufement. Il s'exprima même avec furprife , en voyant cette grande caverne qui en étoit remplie , & m'en parla comme d'une chofe qu'il n'avoit pas encore vûe , & qu'il auroit eu peine à croire , fi on lui en eût fait la defcription. Pour moi elle me fembloit un grand lac où différens ruiffeaux de metal venoient fe dégorger eux-mêmes.

Quand il m'eût peint ces diverfes fortes de mine , telles qu'elles exiftent dans les crevaffes du rocher , & qu'il m'eût expliqué quelle étoit la plus dure à travailler , la plus riche en metal , & démontré pourquoi chacune avoit fon caractère particulier , il me mena au centre de la caverne. Vous avez vu , me dit-il, l'état naturel & ordinaire de la mine, vous allez voir d'ici les diverfes for-

mes qu'elle prend accidentellement,
& que je n'avois jamais vû si parfaitement. Il me fit remarquer avant
toute autre chose une partie du plancher entre deux colonnes auprès de
nous ; & me montra en divers endroits la marque des outils pour me
prouver que la surface étoit artificiel-
le & non pas naturelle. Vous pouvez
être assuré, ajouta-t-il, que tout cela
a été laissé à découvert par les ouvriers ; mais vous allez voir comment
la nature l'a décoré & enrichi depuis.
Il étoit évident que ce qu'il disoit
étoit exactement vrai. Toute la cavité dans laquelle nous étions, avoit
été autrefois remplie de mine , & le
rocher même dont le plancher étoit
formé , étoit si fourni de metal qu'on
en avoit coupé en plusieurs endroits.
Les parties qui en restoient à découvert, conservoient encore l'impression
des outils ; mais dans les autres endroits, nous avions le plus beau coup
d'œil des opérations de la nature.
Vous avez vû des petits glaçons pen-
dans au bout des tuilles d'une maison, après une nuit de gelée qui a

succédé à la pluye ; mais ce n'est qu'une ressemblance imparfaite. On voyoit un grand nombre de cylindres & de cônes de fer presque tout pur sortans du rocher solide ; il y en avoit depuis la grosseur d'une paille jusqu'à celle du poing , & quelques-uns d'un pied de longueur : ils pendoient perpendiculairement du sommet ; & leur surface étoit claire & brillante comme celle de l'acier du plus beau poli. En en cassant quelques-uns , nous les trouvâmes composés d'un nombre de croûtes posées les unes sur les autres , & toutes garnies de rayes aussi belles qu'il soit possible à l'œil d'en distinguer.

Dans une autre partie du toît, on voyoit pendre non de petits glaçons à la maniere de ceux dont je viens de parler ; mais de grandes concrétions d'une espéce plus grossiere. Pour moi je les aurois prises volontiers pour des tuyaux d'orgues en miniatures. Les ouvriers les regardent comme des balets pour balayer, & donnent à cette espéce de mine un nom qui la caractérise. Les côtés des colonnes étoient incruftés auffi de quelques morceaux moins réguliers, qui au rapport des Mineurs étoient, auffi-bien que le refte , très-riches en metal. Ils étoient pareillement humides, de même que ceux de la premiere efpéce. De tems en tems l'eau en découle fur le plancher ; & toutes les fois que cela arrive, il fe forme de petits morceaux ou parcelles perpendiculaires de la même matiere, qui gênent beaucoup les pieds en marchant ; chaque goutte d'eau qui pénétre ces rochers eft remplie de particules de fer. Mon ami pouffe la chofe encore plus loin ; il dit que chaque vapeur qui s'éleve du bas, contient auffi du fer, & qu'en fe condenfant en eau fur le fommet froid, & fur les murailles de cette caverne, elle laiffe le metal après elle à mefure qu'elle tombe en gouttes, ou du moins avant de tomber fur le pavé.

Nous vîmes dans une autre partie de la caverne une multitude de corps ronds comme de groffes balles de fufil, & quelques-unes comme des grains de plomb. Je comptois qu'ils

D iij

avoient été formés artificiellement ;
mais mon ami en ayant rompu deux
ou trois, me convainquit que c'étoit
aussi des ouvrages de la nature. On
apperçevoit sur les pilliers qu'on avoit
laissés pour soutenir la voûte, aussi-
bien que sur quelques parties des
murailles latérales, des endroits si
brillans & si polis, que l'œil pouvoit
à peine en supporter la vûe ; quand
ils sont rompus nouvellement, ils
ont le grain de l'acier le plus fin, &
sont encore plus brillans ; dans un
autre endroit, on voyoit de grosses
grappes, dont les globules, d'un gris
luisant, ou d'un rouge éclatant, res-
sembloient à autant de gros raisins.
C'étoient des hématites qui sont si ré-
nommés pour les yeux. Dans un autre
endroit, on voyoit une grande masse
qui se séparoit & se partageoit en fibres
dans toute sa longueur : on remar-
quoit entre ces fibres, des masses de
mine plus pure, comme du fer ordinaire, & d'autres encore plus grosses, d'une espéce rouge & brillante,
si molles qu'en les frottant entre les
doigts, elles y laissoient une teinture

presque ineffaçable. Celle-ci étoit plus douce au toucher qu'on ne peut le décrire, & sa couleur est la plus belle du monde.

Mon ami m'avoit fait voir en passant quelques-unes des grosses pierres qui étoient creuses, & dont la cavité étoit remplie d'une matiere aussi brillante que du crystal, mais aussi blanche que du lait. Il me mena alors dans un coin plus sombre, où je l'avois vu attacher ses regards depuis long-tems. Nous y trouvâmes un objet que je pris pour un arbuste de corail blanc fort gros & bien branchu. En l'examinant de plus près, je fus surpris de trouver que ce n'étoit pas un végétable, mais un corps minéral. Mon Ami me fit remarquer le canton du rocher d'où il sortoit, & me convainquit que la matiere en étoit la même que celle du crystal laiteux qui se trouvoit dans les cavités des morceaux de mine. Il sortoit même d'une masse de mine. C'étoit bien la plus belle chose qu'on ait jamais regardée ; j'étois résolu de l'acheter à quelque prix que ce fût ;

D iv

mais il étoit réfervé pour l'Archevêque qui eft un curieux, & qui en
avoit entendu parler. On lui donnoit
un nom que je ne puis bien rendre
que par celui de *fleur de fer*.

En retournant je ne fus pas de fi
mauvaife humeur contre le chemin ;
& j'écoutai mon ami differter fur
des objets fur lefquels nous avions
paffé rapidement en montant la montagne. Il me montra dans le chemin
nombre de petits rejettons & d'efflo-
refcences de la même matiere auffi
blanches que la neige. Mais ce qui
m'étonna le plus, ce fut de voir que
tout le cryftal commun que nous ren-
contrions, ne fortoit point en rejettons & en colonnes, comme à l'ordinaire, mais en grappes d'une efpéces de diamants. Les fimples pouffes
étoient à peu près de la groffeur & de
la forme d'un diamant brut : il y en
avoit quelques-uns de bien brillans,
& parfaitement tranfparents ; cependant la plûpart étoient teints de
la même couleur laiteufe que les fimples rejettons. C'eft la premiere fois
que j'aye vifité l'intérieur de la terre ;

mais, mon cher, je puis vous assurer que malgré toute la saleté qu'on y amasse, & le danger qu'on y court, si vous l'aviez fait comme moi, ce ne seroit pas la derniere.

LETTRE XLV.

VErone ne me promettoit pas beaucoup en y entrant; il s'en faut bien que je regrette le tems que j'ai employé à visiter les antiquités & les choses curieuses qu'elle contient. Un Voyageur un peu observateur est doublement trompé dans cette Ville. Quand il en approche, le premier coup d'œil lui donne de grandes espérances, qui s'évanouissent quand on en est plus près : & si on en observe l'apparence en gros en y entrant, on ne s'attend pas à tous les objets dignes d'admiration qu'on y trouve.

Verone est une ville d'une étendue considérable; elle n'a pas moins de sept milles de tour, & elle est située agréablement, partie sur une colline, & partie dans la plaine qui eſt au bas. L'Adige qui eſt une forte riviere, paſſe au travers. On la voit d'aſſez loin ; à meſure qu'on en approche, ſes bâtimens paroiſſent irréguliers. En général, ſes maiſons ſont baſſes & laides, & ſes rues ſales & mal pavées. Je ne dois pas oublier de vous dire, qu'en y arrivant j'ai querellé ma géographie de ne pas m'avoir appris qu'on ſe rapproche de la mer entre Breſſe & Verone. En effet, je ne concevois pas comment la mer pouvoit y venir. Ce que je voyois étoit le lac de Guarde, le Benacus des anciens. Ne ſoyez pas ſurpris que j'aye pris pour la mer un grand amas d'eau de trente à quarante milles de longueur, & de douze de largeur. Il étoit auſſi inégal que la mer, & en avoit toute l'apparence.

Il regne dans Verone une grande pente à l'oiſiveté, & conſequemment beaucoup de pauvreté. Je ſuis moins prévenu contre la plûpart des habitans de cette Ville, que contre aucune autre d'Italie que j'aye vue. Ç'a été une Ville anciennement; mais depuis les premiers tems elle s'eſt extrêmement aggrandie. Ses anciennes portes & une partie des murs qui l'environnoient alors, ſubſiſtent encore, & ſont dans le milieu de la Ville. Elle a éprouvé bien des révolutions, & ſemble maintenant retomber dans l'ancien état dont les ſiécles précédens l'avoient tirée.

Rien ne m'a tant ſurpris en examinant les différentes parties de Verone, que de voir l'Adige paſſer au milieu. Les deux portions diſtinguées que cette riviere forme, ſe communiquent par quatre fort bons Ponts; mais ils n'ont pas une date fort ancienne, & en effet, il ne ſeroit pas poſſible que cela fût: car la riviere doit avoir coulé, non pas au milieu de la Ville, comme elle fait maintenant, mais à côté. En effet, il eſt évident par toutes les hiſtoires, que l'Adige rouloit ſes eaux ſur la droite de Verone. Silius Italicus dit, qu'il l'environnoit; & nous trouvons dans Aurelius Victor, & le Panegyriſte de Conſtantin, qu'en allant du Piémont à Verone, il a été obligé de traverser l'Adige avant d'y arriver. Ceux qui trouvent toujours moyen de pallier les contradictions, ont imaginé que la Ville avoit changé de situation depuis ce tems : ce n'est surement pas la Ville, mais plutôt la riviere qui a éprouvé ce changement. J'ai cherché le lieu où doit avoir été l'ancien lit de l'Adige, en supposant que la Ville ait toujours été où elle est située à présent ; & je pense l'avoir découvert. J'ai trouvé une partie de son ancien cours sur la droite de la Ville ; & j'ai même entrevu les restes d'un vieux pont dans un lieu où il y a maintenant des maisons. Les Historiens Italiens expliquent fort bien tout cela ; ils nous disent que sans remonter plus loin que le sixiéme siécle, il s'accumula une quantité de terre extraordinaire, qui obligea l'Adige de changer son lit. Ils annoncent même que la terre s'éleva si haut, sur-tout aux environs du Couvent de S. Zenon, que les murs de la Ville en furent renversés. Ce fut alors que le fleuve se fit un passage vers le milieu de la

Ville, & renversa une multitude d'é-
difices, tant publics que particuliers, & que le courant se creusa un
lit qu'il a toujours conservé depuis.

Je vous ai déja dit, que malgré
tous les désavantages de son approche, Verone a amplement satisfait
l'envie que j'ai de m'instruire en
voyageant. Les édifices publics qui
y sont dispersés en assez bon nombre, sont aussi remarquables par leur
dignité & leur élégance, que les
maisons particulieres sont laides &
méritent peu d'éloges. Les peintures
qu'on y conserve sont en grand nombre, & la plûpart du meilleur goût ;
& il n'y a point de lieu où l'on voye
plus amplement qu'à Verone, les
restes de la magnificence Romaine.

LETTRE XLVI.

JE n'ai pas cru devoir commencer
à la fin de ma derniere la description de l'Amphiteâtre de Verone :
c'est le plus noble reste de la grandeur Romaine que j'aye encore vu ;

quoiqu'il ait une origine fort ancienne, il eſt encore entier au moyen de
quelques réparations légeres qu'on y
a faites. Il eſt impoſſible de fixer
l'époque de la conſtruction de cet
édifice : tout ce qu'on peut dire, c'eſt
que dès les premiers tems de l'Empire Romain, Verone étoit une place
renommée & d'une grande importance. Nous trouvons que ſous le
regne d'Othon on donnoit en Italie
des ſpectacles publics, & nous avons
tout lieu de ſuppoſer qu'une Ville
auſſi peu conſidérable que Plaiſance,
ayant un Amphiteâtre, Verone devoit auſſi en avoir un. Mais pour ne
point nous arrêter ſur de pures conjectures & argumenter d'après de
ſimples circonſtances, Pline nous
aſſure dans la derniere Epître de ſon
ſixiéme Livre, que de ſon tems,
c'eſt-à dire, ſous le regne de Trajan,
il y avoit des jeux publics à Verone.
Nous ne pouvons guères ſuppoſer
qu'il n'y en eût pas plutôt. On nous
apprend dans l'hiſtoire, que Maximi-
lien fit conſtruire des Amphiteâtres à
Milan, à Aquilée & à Breſſe. C'eſt

vraifemblablement par cette raifon , que Sigonius lui attribue auffi celui de Verone ; car je n'en apperçois aucun autre fondement ailleurs. Il eft à coup fur d'une origine fort ancienne , & inconteftablement antérieur au regne de Trajan ; mais de combien eft-il plus ancien, c'eft ce qu'on ne peut guères déterminer.

Rien ne donne une plus haute idée de la magnificence de ce peuple , que le plan , les materiaux , & l'exécution de cet immenfe édifice. La muraille extérieure paroît avoir été toute de marbre d'un ouvrage ruftique ; il y en a encore une portion qui fubfifte dans fon entier , & qui fait voir que le tout étoit conftruit en maniere d'un Attique de vingt pieds plus élevé que la rangée d'arcades la plus haute. Les fenêtres de ce côté étoient au moins, au nombre de foixante & douze; elles font grandes & quarrées : elles fervoient à donner du jour & de l'air aux fpectateurs , quand le foleil étoit trop ardent par le haut. Car dans ces occafions on étendoit un voile de foie teint en pourpre ou

de quelque autre couleur riche &
éclatante, fur-tout le haut, & on
le foutenoit avec une grande perche
fixée au centre de l'arene, à peu près
à la maniere des mats d'un vaiſleau
ou des mays. On voit encore au centre du pavé le trou dans lequel on
plaçoit originairement cette eſpéce
de mat.

On ne ſçauroit, fans l'avoir vu,
s'imaginer combien les ſiéges étoient
commodes & larges. Je me rappelle
qu'en Angleterre on compte pour
chaque perſonne dix-neuf pouces
quarrés fur les échaffauts qu'on éleve
pour voir les feux d'artifices dans les
cérémonies publiques ; ſi nous comp-
tons fur ce pied les ſpectateurs qui
pouvoient tenir dans cet Amphitéâtre, ſuppoſition d'autant plus faiſable
que l'habillement des Romains n'oc-
cupoit pas plus de place que le nôtre,
il devoit y avoir de quoi placer plus
de cinquante mille perſonnes. Quelle
nombreuſe aſſemblée ! cependant
ſouvent tout étoit rempli.

A quels uſages vils & mépriſables
n'employe-t-on pas les plus grandes

chofes ! Le lieu même où pour amu-
fer autrefois tout un peuple, on donnoit des fpectacles, qui, quoique in-
humains & horribles, doivent pourtant avoir eu quelque chofe d'augufte & de grand, fert maintenant à
un tas de fauteurs & de charlatans,
qui divertiffent le peuple. Les deux
plus bas étages de cet édifice ont été
employés à faire des écuries, des
greniers à foin, & des magafins pour
des marchandifes pefantes & de peu
de valeur.

La *Porta Burfarea* eft encore un
fragment très-beau d'antiquité dans
la ville de Verone. Elle eft compofée de deux étages, formés d'arcades
d'ordre Corinthien; mais ce bâtiment
eft moins entier & pas fi bien confervé que le monument augufte dont je
viens de parler. On voit clairement
que certains ornemens qui s'y trouvent font inférieurs de beaucoup au
refte de l'édifice. Quoiqu'une infcription annonce que c'eft un ouvrage
de Gallien, il eft certainement plus
ancien : car il eft bâti dans un goût
trop noble pour être de ce fiécle.

Gallien environna la Ville de murailles, & accorda à Verone plufieurs autres faveurs remarquables ;
il y a apparence que les habitans ont
placé fur cet édifice une marque de
leur générofité & de leur reconnoif-
fance. Sans doute c'étoit déja même
dans ce fiécle un monument célébre
d'un tems bien antérieur, & pour
flatter leur bienfaiteur, ils le defti-
nerent à un nouvel ufage, & après
l'avoir décoré du mieux qu'ils purent
quoique d'une maniere bien inférieure à tout le refte, ils le lui attri-
buerent. Quand on fe rappelle l'arc
de Conftantin à Rome, qui fut formé des différens morceaux du marché de Trajan, on ne doit plus être
furpris que des morceaux qui paroiffent être des ouvrages du tems du bas
Empire, foient fouvent dans le vrai
des monumens des fiécles beaucoup
plus reculés.

Il y a encore une des portes de
Verone qui eft un refte très - noble
de la fplendeur des premiers tems
de Rome. C'eft une arcade d'ordre
Dorique, & d'une beauté achevée.

J'ai été dans le goût d'admirer les bâtimens gothiques qui sont en France ; mais j'acquererai en Italie un goût plus épuré. La simplicité de cette arcade a une élégance & une noblesse qui l'emporte sur tous les ornemens. Il sut élevé probablement en l'honneur de Æmile, qui de concert avec Flaminius termina la guerre des Insubriens, & fit passer un grand chemin magnifique à travers Boulogne, Modene, Parme, Milan, Bresse & Verone.

L'arc des Lions, *arcus Leonum*, est encore un très-bon fragment antique ; mais il est actuellement si dégradé, qu'il n'est pas facile de juger par ce qui en reste de ce qu'il avoit autrefois de grandeur. On y voit les restes d'une inscription, qui, quand on la pouvoit lire, faisoit à ce qu'on prétend, mention d'un certain Flavius de la famille de Vespasien ; mais il n'en reste pas une seule lettre maintenant.

Si ces restes de monumens très-antiques ont rendu Verone fameuse, il y a encore un autre point pour lequel elle ne le céde à aucune des Villes d'Italie ; je veux dire, une collection d'inscriptions antiques. Elles sont rangées élegamment autour des murs de la grande cour qui est devant l'académie ; & , si on en excepte les marbres d'Arundel, c'est la plus grande collection qui soit en Europe : On l'a formée à force de dépense, de tous les lieux où les Vénitiens ont quelque pouvoir ; elles doivent leur arrangement au Comte Scipion Maffei, qui a si bien rempli ce projet, que par-là il a acquis un honneur éternel à sa patrie, rendu un service de la premiere importance aux sçavans de toutes les parties du monde, & immortalisé son nom. Je ne finirois pas, si j'entreprenois de vous les transcrire ; d'ailleurs ce seroit prendre une peine inutile, puisque Gruterus l'a déja fait.

Il n'y a personne qui dans le cours d'un petit nombre d'observations ne change fort souvent de sentiment par rapport à ce qui est beau, sur-tout quand les objets sont différens, & qu'ils sont élégans chacun dans leur genre. Vous m'avez vu tout à l'heure enthoufiafmé de l'arc Dorique , au point de me reprocher à moi-même d'avoir approuvé des ouvrages dans le ftyle Gothique ; me voici encore de mauvaife humeur contre ce goût rude & furchargé d'ornemens inutiles. J'ai vu le tombeau de C. Scaliger Seigneur de Verone , qui eft dans le cimetiere de S. Procule. Il eft porté par fix colonnes maffives pofées fur un fondement folide , & il eft extrêmement élevé & enrichi d'une profufion d'ornemens du même genre que ceux de la Cathédrale : au fommet eft une ftatue équeftre du Seigneur qui y eft enterré. Le corps eft dans un cercueil de pierre , placé non au bas , mais précifément au fommet de l'édifice , le cheval eft pofé deffus.

LETTRE XLVII.

TOus ceux qui ont fait mention du Cabinet de Mofcardo en ont parlé avec éloge. Vous avez lû tout ce

qu'on a dit de Verone, ainſi je ne
vous répéterai pas ce que vous ſçavez déja. Permettez - moi pourtant
de vous raconter une circonſtance
qui a échappé à tous ceux qui ont
connu cette fameuſe collection, ou
que ceux qui l'ont remarquée ont
mal compriſe. Entre un grand nombre de raretés de toute eſpéce, on
nous a montré beaucoup de pierres
de nature & de figures différentes,
mais qui reſſemblent toutes à des armes de quelques ſortes. Les unes ſont
comme des têtes de fleches, d'autres
comme des pointes de Javelines;
quelques-unes reſſemblent à des cou-
teaux, & d'autres à des haches. Elles
ſont groſſiérement taillées, & on
voit clairement qu'elles n'ont pas été
faites pour couper comme les armes
d'à préſent, mais pour hacher.

Quand on nous fit voir ces pierres,
beaucoup de gens les examinoient,
chacun haſardoit ſes conjectures;
mais un de la bande avec beaucoup
de gravité & d'élocution, prit la parole, & attira l'attention de toute
l'aſſemblée pour ce qu'il avoit à dire

fur cette matiere. Il nous affura d'un air compofé, que ces pierres n'avoient pas été formées ainfi de main d'homme, & qu'elles étoient tombées des nues dans cet état. Il les appelloit *Brontiæ & Ceraunia*; pour appuyer fon fentiment, il cita Boëce, de Boot, & plufieurs autres Auteurs renommés, dans lefquels il nous fit voir non-feulement plufieurs pierres de cette efpéce & du même nom; mais encore des figures gravées qui repréfentoient fi exactement & fi parfaitement quelques-unes de celles-ci, qu'il étoit impoffible de ne pas conjecturer qu'elles avoient été faites à leur imitation. Voilà, nous dit-il, des chofes dont nous avons fouvent entendu parler, mais qu'on n'avoit pas encore vues: ce font de vrais carreaux de la foudre. Il nous cita un grand nombre d'exemples des malheurs qu'elles caufoient en tombant, nous lut des paffages de ces différens Auteurs, qui font mention qu'on en a trouvé en Amérique auffi-bien qu'en Europe; & conclut judicieufement que des chofes d'une

pareille nature ne pourroient pas être
si universelles si elles avoient une autre origine.

Mon ami que j'avois vu se mor-
dre les lévres, & rougir de mépris
& d'indignation pendant tout ce discours, sitôt que celui-ci eut fini sa
pompeuse harangue, prit la parole.
Messieurs, leur dit-il, du ton que
vous lui connoissez, de tout tems les
hommes ont aimé à se détruire les
uns les autres. Il y a eu des batailles
avant qu'on eût jamais entendu parler des épées & des armes à feu. Les
Allemands féroces & d'autres nations autrefois, & encore à présent
les Sauvages Indiens ne manquent
point d'armes, quoiqu'ils n'aient aucune connoissance des metaux. Ils
ont fabriqué & formé des armes avec
ces pierres, ils tailloient des cailloux
avec d'autres cailloux jusqu'à ce qu'ils
eussent quelque sorte de forme. Celles-ci, comme vous voyez, ne sont
pas fort belles ; mais elles étoient
assez fortes pour se tuer les uns les
autres. Vous dites qu'elles viennent
des nuées ; y pensez-vous, Monsieur,

où

où en font les carrieres, s'il vous plaît? font-elles auffi dans les airs? Vous faites les êtres aeriens , des ouvriers bien mal-adroits. Regardez donc, continua-t-il, en lui montrant une tête de fleche ; voici le trou par où elle s'emboîtoit avec la tige, & par où on l'attachoit à la fleche. Cette autre arme à la vérité n'a tout au plus qu'une légere reffemblance avec une hache ; cependant voilà l'anneau pour placer le manche. En bonne foi, continua-t-il, penfez-vous que tout cela foit tombé du ciel, les fleches , les manches & tout le refte ? ou penfez-vous que ceux qui ont fait ces inftrumens , aient pris tant de peine à propos de rien ? Vos Ecrivains font des radoteurs & des charlatans , des fuperftitieux, pour qui tout ce qu'ils ne comprennent pas eft miracle. Le monde en a bien appris depuis leur tems.

Ce que mon ami avançoit étoit trop raifonnables pour laiffer aucune replique à fon adverfaire ; ce fut la feconde circonftance où fon habileté lui fit beaucoup d'honneur. On a honte de penfer combien d'opinions abfurdes ont été dans un tems ou un autre, je ne dis pas feulement, reçues par le petit peuple, mais encore ac-créditées par des Sçavans, pleins de connoiffances à tous égards. Nous difons en Angleterre que tout fe prouve par l'évidence ; je crois qu'il feroit auffi jufte de dire du monde en général, que tout peut être prou-vé par les autorités. Il n'y a rien de fi faux qu'on ne puiffe engager la populace à certifier avec ferment ; rien de fi abfurde que la crédulité du peuple ne le détermine à croire.

LETTRE XLVIII.

JE croyois avoir pris congé de Verone, mais on ne finit point de trouver des objets dignes de l'atten-tion d'un curieux dans ces villes d'I-talie. On m'a mené voir un bas-re-lief vraiment antique & fort beau : il eft placé fur la muraille d'une mai-fon en dehors ; cette expofition fait

peine à quiconque connoît le mérite de ce morceau. Il repréfente un
repas funeraire, *epulum funebre*, à la
maniere des anciens. L'infcription
qui eft grecque, fait mention du
nom d'Enclea fille d'Agathon, &
femme d'Ariftodeme. Il y a fur la
table quelques fruits & du vin. Les
principales figures font au nombre
de quatre, deux hommes & deux
femmes, dans des poftures différentes : les femmes ne font ni couchées,
ni penchées, mais affifes ou droites.
L'expreffion & les attitudes en font
élegantes, & hardies au dernier
point : à la partie fupérieure de la
pierre eft un entablement & un pé-
riftile d'ordre Dorique, & plus bas,
mais à quelque diftance au-deffus de
la tête des figures, font repréfentées
neuf fortes d'inftrumens & d'uftenciles adaptés au fujet ; on y voit une
corbeille, une coupe, un lacrima-
toire, &c. Excufez fi ma lettre eft fi
courte : nos équipages attendent à la
porte, & le tems ne me permet pas
de rien y ajouter de plus.

E ij

LETTRE XLIX.

NOus sommes accoutumés de nous mocquer de la fréquence des titres chez les François ; je ne fçais pas trop s'ils ne font pas devenus auſſi communs en Angleterre ; mais à coup ſur on les y applique auſſi mal. Je ſuis maintenant dans une ville toute remplie de Comtes ; vous ſentez que c'eſt de Vicence que je parle, & vous vous rappellez que Charles-Quint donna ce titre en un jour à tous les citoyens. Les bâti-mens de cette Ville me donnent lieu d'eſpérer beaucoup d'amuſement ; mais quoique je n'aye pas eu encore le loiſir de les examiner en détail, je ne laiſſe pas que d'avoir beaucoup de choſes à vous écrire. La route de Verone ici a fourni à ma plume une matiere aſſez abondante. J'avois été élevé avec le préjugé national de ſuppoſer l'Angleterre le plus beau pays du monde : en paſſant par la France, je n'ai point trouvé de rai-

fons pour changer d'avis , ou du
moins pour difputer la juftefle des
relations qui m'avoient donné ces
idées ; mais l'Italie m'a fait prendre
une opinion bien différente.

Je ne m'aviferai pas de rien comparer à la verdure de nos prairies
d'Angleterre ; mais vous me permet-
trez de dire que la fcene qui s'eft
offerte à moi tout le long de ma route , étoit infiniment plus pittorefque
& plus agréable. Tout le pays n'eft
qu'une plantation réguliere de mûriers difpofés par rangées de diftance en diftance : les vignes qu'on a
plantées au pied des arbres , forment
autant de feftons naturels qui atteignent d'un arbre à l'autre. L'efpace entre ces différentes rangées d'arbres eft
employé en terres à bled. Le coup
d'œil a quelque chofe d'uniforme ,
je l'avoue ; peut-être eft-ce la caufe
pour laquelle il me plaifoit moins à
la fin de mon voyage qu'au commencement ; cependant il eft extrêmement beau. Toute cette route eft une
plaine unie , & le pays qu'on apperçoit à la ronde eft bien cultivé & rap-

porte en abondance. Les arbres sont disposés en quinconce ou en maniere d'échiquier ; & les vignes montent souvent, s'étendent au loin parmi les branches, & se rencontrent les unes les autres. Les arbres en général sont tous des mûriers blancs ; & la différence de couleur entre leur fruit & celui de la vigne fait une très-belle variété.

Vicence est situé dans le territoire de la République de Venise. Cette Ville qui est vaste & fort peuplée est la Capitale du Vicentin, & le siége d'un Evêché. Les mûriers y nourrissent une quantité si prodigieuse de vers à soie, qu'on y en a établi une grande manufacture. La Ville est placée avantageusement entre deux rivieres, & fortifiée d'une muraille, qui est en mauvais état : mais en dedans de la Ville tout a une meilleure face. En général les maisons y sont bien bâties, & il y en a beaucoup de magnifiques. Les rues sont larges : on y trouve des places grandes, découvertes & bien bâties, ainsi que des Carrefours bien détachés. La

Maison de Ville eſt un bon édifice ;
l'horloge en eſt un morceau de l'art
très-délicat. On y conſerve auſſi une
inſcription en l'honneur de Gor-
dien III, qui fut découverte dans le
ſeiziéme ſiécle. Si vous étiez parti-
culiérement amateur d'architecture,
j'aurois beaucoup de choſes à vous
dire ſur cette matiere par rapport à
Vicence ; mais je ne connois point
d'étude ſi ſéche pour ceux qui ne s'y
appliquent point par goût. Sans difficulté Vicence fournit à ceux qui
étudient cette ſcience, plus de bons
modéles qu'aucune autre des Villes
que j'ai vûes. On y trouve en abondance des morceaux du Palladio,
dans les maiſons tant publiques que
particulieres. Il y a ſur-tout un théâtre bâti par ce grand homme, à l'i-
mitation de ceux des Romains, &
qui eſt un édifice très-excellent. On
voit auſſi de la route un autre noble
fragment de ſon art, un arc de triomphe conſtruit pareillement dans le
goût de ceux des anciens, & qui n'eſt
point inférieur à quelques-uns d'eux.
Il eſt à main droite en entrant dans

E iv

la Ville ; & le champ de Mars qu'on voit à travers, ajoute encore beaucoup de grace à ce coup d'œil. La Cathédrale, l'Eglise de la Coronata, & celle de sainte Catherine, sont toutes d'un très-bon goût ; mais je ne veux point vous ennuyer par un détail de choses qui ressemblent trop à d'autres que je vous ai déja écrites.

On ne trouve pas dans Vicence cette multitude de tableaux qu'on voit dans la plûpart des villes d'Italie ; cependant il y en a beaucoup d'excellens. J'ai été vivement frappé de la force & du feu d'un tableau d'Autel dans l'Eglise de S. Pocco. Il est de Jacques Bassan, & de son coloris le plus fort. On y trouve une vigueur qui charme au premier coup d'œil ; mais si on l'examine en détail il perd un peu. Il y a un autre tableau d'Autel de la même main à S. Luterio ; il frappe moins d'abord, mais il gagne à l'examen. Bordanne a laissé un morceau d'histoire dans la Maison de Ville. Il représente Noë & sa fille : quoique ce morceau ne soit pas de la force des plus beaux

que j'ai vû de lui, il ne laisse pas que
d'avoir du mérite. Il y a dans le re-
fectoire de la Madonne del Monte,
un sujet d'histoire d'une grande beauté : il est de Paul Veronese, & représente le Sauveur dans un festin.
Le tableau du maître Autel de la
Coronata est de la même main ; c'est
l'adoration des Mages. Il y a aussi
un tableau d'Autel du même sujet
dans notre Hôpital des enfans trouvés ; je l'ai vû chez l'Auteur, le Chevalier Cazali, avant mon départ
d'Angleterre : celui de Paul Veronese ne m'a pas empéché de l'estimer
beaucoup.

Palladio a laissé des morceaux de
sa façon, non - seulement dans la
Ville, mais encore dans les environs. Je vous ai déja dit combien
j'avois trouvé les plaines agréables,
en les voyant de dessus la route : tout
le pays des environs est aussi beau,
& les maisons de campagne des Nobles ajoutent à l'éclat de ce paysage,
qui leur en donne réciproquement.
Celle du Comte Poïani est très-
belle ; Palladio en a été l'architecte ;

E v

quiconque la voit, n'a pas befoin
d'être connoiffeur dans cette fcience,
pour le fentir ; la chofe parle d'elle-
même. Celles des Comtes Tricin &
Gualdi font pareillement fuperbes
& élégantes. Je ne connoîs guères de
Ville en Italie dont le féjour me
fit tant de plaifir que celui de Vicence.

LETTRE L.

JE vous ai parlé des agrémens de
la route qui conduit à Vicence ;
celle qui conduit à Padoue, d'où je
vous écris, me rappelle les chemins
d'Angleterre, plus qu'aucun autre
que j'aye fréquenté depuis que j'ai
quitté mon pays ; en avançant vers
la Ville, on nous a fait paffer fur un
grand chemin ou chauffée qui reffemble beaucoup à celles du nord
de l'Angleterre. La Ville eft des plus
fingulieres, en partie fort ancienne
& en partie moderne. Cela n'eft pas
rare dans les grandes Villes, tant en
France qu'en Italie, où l'on diftin-

gue les anciens bâtimens & les aug-
mentations, fous le nom de vieille
& nouvelle Ville. Mais il y a ceci de
fingulier à Padoue, que comme dans
toutes les autres on pouffe les nouveaux bâtimens d'un ou de deux côtés
feulement ; ici au contraire ils en-
tourent tous les vieux édifices, de
maniere que la vieille Ville fe trouve
dans le centre de la nouvelle. Quelque fingulier que cela m'ait femblé
à Padoue, je penfe que la même
chofe doit bientôt fe rencontrer à
Londres, du moins fi on continue
comme on avoit commencé quand
j'ai quitté cette Capitale. Je ne fçais
trop ce qui en eft ; mais l'Eglife qu'on
appelloit autrefois S. Martin-des-
Champs „ en eft maintenant auffi
éloignée „ qu'aucune partie de la
vieille ville de Padoue l'eft de la
circonférence de la nouvelle.

Padoue eft une grande ville, dont
la circonférence ne peut pas avoir
moins de huit ou neuf milles. Sa
forme eft circulaire, & elle eft défendue par une double enceinte de
murailles & des baftions bien régu-

E vj

liers. A son approche j'en avois conçu une plus haute idée que quand j'y fus entré. Il y a au dedans de ses murs beaucoup de terrein vacant; & chacun de ses quartiers présente un certain air de désolation. Un grand nombre de ses maisons, même dans les meilleurs quartiers, sont inhabitées, & même dans les meilleures des autres, les habitans annoncent en général un air de dépendance & de mécontentement. On annonce Padoue comme une place florissante; mais à juger de son apparence actuelle, elle est bien déchue de cette splendeur. J'ai eu la curiosité de demander le nombre de ses habitans, chose qu'il est beaucoup plus aisé de connoître en Italie qu'en Angleterre: ne serez-vous pas étonné d'entendre qu'une Ville de cette étendue contienne à peine vingt huit mille ames.

Padoue se glorifie d'une grande ancienneté: on prétend qu'elle a été bâtie par Antenor aussitôt après la ruine de Troye: si cela est, elle est au moins de quatre cens ans plus an-

tienne que Rome. On ne manque
pas de circonstances pour fortifier
cette opinion ; & les murs appellés
murs d'Antenor, présentent encore
des restes capables de durer bien
des siécles. Je m'étonne de ce qui a
pu occasionner le mauvais état actuel de cette Ville aggrandie. La situation en est agréable, au milieu
d'une belle plaine & à proximité de
deux rivieres. Le terrein est abondant; il fournit des denrées de toute espéce, & l'air y est plus sain qu'en aucun
autre endroit d'Italie. Il est vrai que
malgré tous ces avantages, la Ville
ne forme pas un séjour fort gracieux;
les rues en sont étroites, obscures &
les maisons trop hautes. La noblesse
y a des maisons en quantité ; mais
les maîtres y sont pauvres, & con-
séquemment les Palais mal entrete-
nus. Il n'y a pas d'endroit où les
querelles de famille ayent produit
des effets si fâcheux qu'à Padoue :
on les perpétue de génération en
génération. L'esprit des *Capulets* &
Mountagues de Shakespear y régne
beaucoup ; & les Vénitiens, leurs

maîtres, qui craindroient que les Padouans ne se révoltassent & ne leur donnassent trop d'affaire, s'ils vivoient en bonne union, encouragent ces animosités plutôt que de rien faire pour les détruire. L'esprit querelleur des familles principales s'est communiqué jusqu'aux gens d'un ordre inférieur ; & c'est aux excès & aux cruautés des écoliers que l'on doit la décadence, pour ne pas dire la ruine de ce qui étoit autrefois l'une des plus florissantes Universités du monde.

Une chose que je n'ai pu voir sans peine, c'est qu'outre de grands espaces de terrein vacant à Padoue, on y voit bien des rues où l'herbe croît. Beaucoup de maisons des plus considérables sont restées inhabitées, & la plupart des autres ont perdu le nom de leurs anciens maîtres, & servent comme d'un lieu de retraite à des Nobles Vénitiens.

On m'a mené au Palais de Foscari : il y a au devant une cour d'une grande étendue & d'une apparence singuliere. Elle présente aussitôt, aux

yeux faits à ces fortes de chofes, l'i-
dée d'un amphitéâtre des anciens;
& cette opinion eft confirmée par
diverfes obfervations. L'amphitéâtre de Padoue étoit fameux du tems
des Romains. Ceci en eft un fragment, & les murs annoncent en
partie ce que c'étoit que cet édifice;
mais ils font obfcurcis par les changemens & les réparations qu'on y a
faites.

S. Antoine de Padoue eft trop célébre dans le Calendrier, pour n'a-
voir pas été pour vous un fujet de
remarques. Il y a ici une Eglife qui
lui eft dédiée fous le nom de *Il
Sanĉto* ; elle étoit auparavant dédiée
à la Vierge, le Fondateur l'avoit
fait conftruire en fon honneur &
fous fon nom. Sitôt que les os de
S. Antoine y furent dépofés, on n'a
plus fait d'attention à la Mere de
Dieu : l'Eglife fut appellée du nom
du Saint, &, qui plus eft, on lui
donne la préférence fur tous les autres Saints du Paradis.

Ce n'eft pas la plus belle Eglife
pour fon architecture, mais elle eft

la plus riche à coup sûr : elle est
remplie de monumens pompeux, de
lampes d'argent & autres ornemens
riches qui y font prodigués avec profusion. La Chapelle du Saint est encore plus superbement décorée. Son
corps y est déposé dans un tombeau
de marbre blanc, dont le dessus sert
d'Autel. Le tombeau est isolé & ne
tient à rien ; il a par derriere quelques crevasses, par où on prétend,
comme un miracle perpétuel, que
les os du Saint exhalent une odeur
de parfum au lieu d'un gout ordinaire de pourriture. J'en ai été témoin, & je puis certifier qu'il sort
de ces crevasses une odeur fort agréable ; je ne déciderai pas si elle vient
des os du Saint ou de quelque autre
cause.

De trois côtés de la Chapelle, les
murailles font chargées de bas-reliefs
en marbre blanc, qui représentent
les actions & les miracles du Saint.
Les morceaux en font bien travaillés. Il y en a un de Jerome Veronese,
que je regarde comme un des meilleurs de la sculpture moderne. J'en

aï vu deux autres en Italie, qui
font de Sanfovino & de Tullio Lau-
rhardo, qui font honneur aux noms
de ceux qui les ont exécutés. Du côté
ouvert, par où la Chapelle commu-
nique avec l'Eglife, il y a deux Anges de la main du Palladio, très-bien
exécutés en marbre blanc. Ils fervent
à fupporter deux grands chandeliers
d'argent. Outre le grand nombre de
cierges dont ils font chargés, on y voit
plus de quarante lampes d'argent qui
brûlent continuellement. C'eft là
coutume dans les Eglifes d'Italie;
cela jette une grande clarté en entrant; mais la fumée qui en fort, obf-
curcit & détruit la beauté de tout l'intérieur de l'édifice.

Il y a dans cette Eglife & au tombeau du Saint, un concours qui ne
le céde guères à celui de la fainte
maifon de Lorette; il y vient des
Pélerins de fort loin, qui frottent leurs
chapelets fur le tombeau du Saint, &
fe croyent bien payés de la fatigue &
des dangers du voyage. Nous y vîmes une vieille femme qui affuroit
avoir perdu l'odorat depuis plufieurs

années, & qui respirant aux crevaſ-
ſes du tombeau, proteſtoit que ſa
bonne odeur lui montoit au cerveau
malgré ſes obſtructions. On lui re-
commanda d'eſſayer d'autres bonnes
odeurs, quand elle ſortiroit de la Chapelle, pour s'aſſurer ſi le miracle
n'étoit que momentané, ou ſi ſa foi
& ſa piété ne lui en feroit pas obtenir la continuation.

Le concours de gens qui s'y rendent eſt incroyable. Voyez Padoue
dans tout autre quartier, vous dé-
plorez le défaut d'habitans ; voyez
cette Egliſe, & vous jugeriez que jamais Ville n'a été ſi peuplée. J'ai
trouvé dans cette Egliſe beaucoup
de choſes dignes de mon attention ;
André Brioſco a laiſſé dans le chœur
de beaux monumens de ſon habileté.
Ce ſont des bas-reliefs en bois, qui
quoique de l'an 1520, ſont parfaits
& très-frais ; il y en a quelques autres
en cuivre. Jacques Velano a pris
ſoin de nous avertir de ce qu'il y a
mis du ſien ; mais ſon ouvrage n'é-
gale pas les autres. Ce ſont princi-
-palement des ſujets tirés de l'Ecri-

ture auſſi bien que les premiers.

J'ai été frappé d'un tableau qui repréſente un jeune homme d'un air
fort vif , quoiqu'avec un grand air
de dévotion. Cet aſſemblage fort extraordinaire , peut avoir été naturel;
mais il eſt parfaitement exprimé
dans la peinture. Je n'étois pas au
fait de l'hiſtoire du Saint., & vous
imaginez que je fus aſſez ſurpris d'apprendre que c'étoit ſon portrait. On
dit que c'eſt un original peint d'a-
près nature ; & l'inſcription explique
aſſez cet air de jeuneſſe ; car elle dit
qu'il mourut à trente-ſix ans , âge où
les autres commencent à peine à prétendre à la ſainteté. La peinture n'en
eſt pas bonne ; mais il y a dans le
viſage une force & un caractère fort
ſingulier.

Le Sanctuaire eſt un édifice neuf
& fort élégant ; il eſt derriere le
chœur ; on y voit autour une grande
profuſion de marbre, & quelques ſtatues qui font honneur à Palladio. Peu
s'en eſt fallu que je n'aye oublié de
viſiter une vieille Chapelle qui eſt
derriere la chaire : ſi je l'euſſe fait

& qu'enfuite on m'eût dit ce qu'elle contient, j'aurois eu peine à me le pardonner & à mon conducteur. Elle eſt peinte à freſque : les ſujets ſont, le crucifiement du Sauveur, le jet du ſort ſur ſa robe, & quelques autres hiſtoires du Nouveau Teſtament. Ces morceaux ſont de Giotto, & les mieux conſervés que j'aye jamais rencontrés dans ce genre : ils ont près de cinq cens ans d'ancienneté, & conſervent encore la plus grande partie de leur beauté & de leur premiere fraicheur. J'ai toujours reſpecté ce que j'ai vu de cet ancien Peintre, que je regarde comme un des peres de la peinture moderne. Ce titre eſt dû à ſon maître ; mais ce qui nous reſte de Cimabue eſt ſi inférieur aux ouvrages de cet éléve, & ſur-tout à ceux dont je parle, que, quoiqu'il ait peint d'abord ſur le nouveau plan, il ne l'emporte guères plus ſur ces miſérables Peintres que l'Etat de Florence avoit fait venir de la Grece, & ſous qui il avoit étudié, que Giotto ne l'a emporté ſur lui. Cimabue ne connoiſſoit rien à la disposition des ombres, & entendoit tout-à-fait mal la perspective. On ne peut rien reprocher de semblable à Giotto. On ne trouve pas dans ses ouvrages cette dureté qui régne universellement dans ceux de Cimabue, & qu'il avoit copiée de ses maîtres Grecs. Le coloris en est tout à-la fois noble, doux & hardi, & l'accord parfaitement bon. Les attitudes de ses figures sont justes, quelques-unes même sont fort gracieuses. Il y a dans ses têtes quelque chose qui semble dire, que le Guidé a copié d'après lui les principes de cet air divin, dans lequel il surpassa ensuite & son maître & tout le monde. L'Anatomie ne semble pas avoir été connue, autant qu'il l'auroit fallu, du tems de Giotto, ou les Peintres ne la regardoient pas comme une partie nécessaire à leur profession. Les figures nues dans ces peintures ne valent pas celles qui sont habillées. On m'assure qu'il y a de lui dans beaucoup d'Eglises à Florence, des tableaux bien supérieurs à ceux-ci : quoi qu'il en soit, ils m'ont donné

une beaucoup plus grande idée de
lui que tout ce que j'en avois lû.

On me mena ensuite dans une
autre Chapelle toute tapissée d'*Ex
voto*. Vous en donnerai-je une idée ?
Un des plus considérables représente
un bâtiment vaste, qui penche d'un
côté, & un homme nud qui sort en
rampant de dessous les fondemens.
La peinture est de même force que
l'histoire. On vous dit que le particulier quil'a offert, a été emprison-
né mal-à-propos, & qu'on le tenoit renfermé dans une tour, d'où
il ne pouvoit faire connoître sa situation à personne : mais que dans son
affliction il s'adressa à S. Jacques ;
& que le Saint ayant entendu sa
priere, descendit du Ciel, & tou-
chant la tour de son petit doigt la
fit pencher d'un côté, jusqu'à ce que
le prisonnier fut sorti par dessous les
murs. On ne nous dit point si le Saint
laissa le Château dans cet état, ou si
d'un autre coup de doigt il le redressa ; on ne nous apprend pas non
plus quel étoit ce Château, en quel
endroit il étoit situé, ni s'il existe
encore.

Il y a plusieurs de ces *Ex voto* de
la main de Titien : dans l'Ecole de
S. Antoine, qui est un édifice public auprès de l'Eglise, on trouve
les miracles du Saint peints dans
divers morceaux, qui sont presque
tous des meilleurs maîtres. On en
voit beaucoup de la main dont je
viens de parler : tous sont à fresque
& font un effet admirable.

L'un représente le Saint qui donne
la parole à un enfant nouveau né : le
pere avoit été longtems absent : la
mere étoit accouchée à contretems,
& on soupçonnoit l'enfant de n'être
pas légitime. On eut recours au
Saint ; & on le voit dans ce morceau
donnant à l'enfant le don de la parole & en même tems celui du dis-
cernement. Cet enfant sage choisit
son pere parmi toute la foule qui l'environne. Dans un autre vous le voyez
faisant les fonctions d'un Chirurgien,
mais d'une maniere bien supérieure,
puisqu'il fait revenir le pied d'un enfant. Le jeune homme s'étoit con-
fessé d'avoir frappé sa mere, & le
Saint lui avoit dit qu'il méritoit de

perdre le pied ; l'enfant de retour
exécuta la fentence ; & le Saint ju-
geant que ce qu'il avoit fouffert étoit
fuffifant, le lui remet. Dans un autre le
Saint renvoye chez lui un foldat fugi-
tif. Ce jeune homme par jaloufie avoit
tué fa femme qui étoit innocente.
S. Antoine le rencontra dans fa fuite ;
on le voit, dans ce tableau, ordon-
nant au foldat de s'en retourner chez
lui, & l'affurant que fa femme eft
reffufcitée & qu'elle n'a point été
coupable.

LETTRE LI.

JE me fuis fort étendu fur la defcription de l'Eglife de S. Antoine ;
ce n'eft pas le plus bel édifice de la
Ville. Celle de Ste Juftine que j'ai
vifitée depuis, eft du deffein de Palladio ; je ne crois pas qu'il ait jamais
fait le plan d'un édifice plus parfait
dans fon efpéce. Le dehors annonce
un bâtiment très-noble, & les décorations du dedans répondent fort
bien à l'extérieur. Il eft fâcheux qu'on

ne

ne puisse y arriver commodément
d'aucun côté ; & ce qu'il y a encore
de pire, c'est que la seule partie qu'on
pourroit voir avec avantage, le portail, n'est point achevé. Cette pratique ordinaire chez les Prêtres de
l'Eglise Romaine, de laisser les Eglises imparfaites, pour avoir un prétexte de demander des legs, qu'on
n'applique jamais à cet usage, de
peur de s'interdire l'occasion d'en
demander d'autres, est tout à la fois
une satire violente contre les gens
d'Eglise, & un scandale pour le pays.
Ce défaut est le plus universel. On
voit le long de la nef de cette Eglise
une rangée de petites coupoles, qui
sont très-élégantes, quand on les voit
d'une distance raisonnable en dehors ;
mais de loin elles semblent surchar-
ger l'édifice ; de trop près on ne les
voit point, ou l'on n'en voit que le
sommet, & elles paroissent construi-
tes irrégulierement & sans jugement.
Ce n'est qu'en dedans de l'Eglise
qu'on les voit dans toute leur beauté ; elles lui donnent un air de grandeur & de magnificence que je n'ai

Tome II. F

vu encore à aucune autre Eglise.
Voila une de ces choses qui m'ont
donné une si haute idée du Palladio.
Tout homme peut suivre les traces
de ceux qui sont venus avant lui. Il
n'est pas bien surprenant que voyant
les défauts des plans qu'il imite, il
puisse en telle ou telle circonstance
ajouter, corriger ou perfectionner.
Ce n'est que dans les coups de génie, dans les efforts d'imagination,
que l'Architecte fait voir sa force &
son jugement. Une beauté nouvelle,
bien liée avec le tout, & qui en paroît une partie naturelle, & pour ainsi
dire nécessaire, est ce qui distingue
le maître & l'original d'avec le copiste & le plagiaire. En effet toute
l'Eglise en dedans est un assemblage
d'élégance & même de beauté. Ce
qui est fort singulier dans un édifice
de ce genre, il n'a rien de cette obscurité qui rend la plupart des Eglises, tant en Angleterre qu'en France, tristes & sombres. Qu'on regarde
celle-ci à tant de reprises qu'on voudra, on lui trouvera toujours la même clarté, & on la voit avec le même

avantage. Les jours y font pleins par-tout, fans être trop éclatans nulle part. Ses différentes parties font décorées, fans être embarraffées ni furchargées d'ornemens, comme il n'arrive que trop fouvent dans beaucoup d'autres. En effet il femble en général que l'Architecte connoiffe moins que le Poëte ou le Peintre, l'art de fçavoir où il faut s'arrêter. Le *manum de tabulâ* eft une régle d'une utilité infinie, mais dont la pratique eft très-difficile dans tous les cas. C'eft, du moins à mon avis, une obfervation prefque univerfelle pour ces fortes d'édifices, tant chez nous qu'ailleurs, que fi l'on en retranchoit la moitié des ornemens, le refte feroit apperçu avec bien plus d'avantage. Mon avis a toujours été tel par une fuite du raifonnement ; l'expérience n'a fait que m'y confirmer de plus en plus. Je le penfois autrefois, je le connois maintenant. J'ai trouvé dans Ste Juftine cette fageffe dans la diftribution des ornemens, que je n'avois encore connue qu'en idée, mife heureufement en pratique ; c'eſt ce qui lui donnoit cette beauté & cette élégance. Peut-être ſerez-vous ſurpris de m'entendre parler ainſi ; mais je ſuis d'avis que c'eſt le plus parfait des ouvrages de cet Architecte. J'en ai vu pluſieurs beaux ; je n'attendois rien de grand de celui-ci ; ainſi l'opinion que j'ai l'aſſurance de vous annoncer, eſt un jugement ſans prévention. Tout le monde univerſellement paroît dans le gout de regarder les ornemens & la beauté comme une ſeule & même choſe ; de-là vient que l'Architecte cherche à les prodiguer avec pro-fuſion : de-là vient que nous enten-dons retentir les éloges à proportion que ces ornemens fourmillent ; & c'eſt auſſi par cette raiſon qu'une Egliſe qui m'a fait plus de plaiſir à conſidérer que toute autre, eſt préci-ſément une Egliſe dont on ne parle guères. Je voudrois avoir un Deſſi-nateur avec moi. Les différens coups d'œil de chaque partie de l'intérieur de cet édifice, feroient les plus beaux morceaux de perſpective. Ils méri-tent d'être célébrés ; ce ſeroit en même tems faire plaisir au public, & cela feroit honneur au gout de la personne qui l'entreprendroit. Toute l'Eglise est magnifiquement décorée de marbre, & le travail, en beaucoup d'endroits, surpasse la richesse de la matiere; quoique ces marbres soient communément des plus beaux d'entre les espéces ordinaires.

Après un tel éloge de cet édifice, je suis fâché d'avoir à en dire quelque chose qui déroge à ce caractère. Il faut que ou moi ou ceux qui font voir ou montrent ces bâtimens, soyons entichés d'un gout bien singulier. Quoi qu'il en soit, je vous dirai toujours mon opinion avec franchise, soyez-en certain : mais comme je n'avance jamais rien sans en rapporter les raisons, vous déciderez aisément si mon avis est dicté par l'équité, ou inspiré par le caprice. Si on vous a jamais dit quelques particularités de cette Eglise de Padoue, c'est sur-tout de son pavé très-élégant. C'est en effet le grand ouvrage qu'on me vanta pour m'engager à sacrifier un quart d'heure à l'aller voir. Après ce prélude, je n'héfiterai point à vous affurer, que loin d'en être charmé il m'a choqué au dernier point. Si la grandeur ou la beauté & la dépenfe font une même chofe, c'eft fans difficulté le plus beau & le plus magnifique pavé que j'aye jamais vu ; mais dites-moi, un pavé n'eft-il pas un endroit où on doit marcher, & ne doit-on pas demander d'y pouvoir marcher aifément ? fi cela eft, l'apparence même d'y marcher commodément, doit être auffi le but de celui qui entreprend de faire un plancher : & malgré tout fon travail & fa dépenfe, il ne mérite que du mépris quand il cherche à donner en apparence des défauts à ce plancher, quoiqu'il n'en ait point réellement. Que penferiez-vous d'un homme qui vous conduiroit dans un magnifique Palais, & vous feroit marcher fur des folives & des endroits garnis de pointes : ne regarderiez-vous pas comme un fou quiconque en agiroit ainfi réellement ? & n'y a-t-il pas de l'abfurdité dans celui qui cherche à mettre ces défauts

en apparence feulement, & à vous
effrayer en perfpective ?

Je n'ai jamais vu nulle part un
pavé qui ait couté tant d'argent & de
travail, ni qui foit fi varié, que celui
de l'Eglife de Ste Juftine. Mais, foit
dit en paffant, je ne vois pas que
cette variété foit d'aucune néceffité
dans un pavé. Il eft entiérement de
morceaux de marbre de diverfes couleurs, & arrangés diverfement, non-
feulement dans les petites Chapelles,
mais encore, ce qui eft moins par-
donnable, dans les différentes parties de la nef de cette Eglife. On y a
ménagé les lumieres & les ombres
de telle forte, que dans certains endroits ils repréfentent une fuite con-
tinuée de cubes, pofés chacun fur
leurs angles. Ailleurs on les a rangés,
de forte qu'ils femblent laiffer entre
eux des enfoncemens; dans d'autres
endroits enfin ils repréfentent de
longs rayons en maniere de folives,
à certaine diftance les uns des autres, dont les entre-deux paroiffent
vuides & creux. Il ne peut pas y
avoir de beauté fans convenance : or

F iv

quelle convenance peut-il y avoir à présenter ainsi aux yeux, des endroits faits pour y marcher, & sur lesquels on ne peut passer qu'avec peine & incommodité ? Ces piéces rapportées sont si bien posées, & les jours, ainsi que les ombres, si bien combinés, que mon ami a reculé deux ou trois fois, & fait un détour pour éviter l'embarras de marcher dessus. Vous me direz que cela est assez singulier, dans une Eglise que je vous ai annoncée comme remarquable pour sa clarté. Celui qui m'a fait voir cet édifice, m'a assuré, d'un air satisfait, pour célébrer la pompe & la magnificence de son pays, que ce pavé seul a couté trois cens mille ducats d'argent. Je crois qu'il exagere, c'est assez l'usage en pareilles occasions : car cette somme reviendroit à cinquante ou soixante mille livres sterlings. Mais si le fait est vrai, c'est un blâme de plus qui rejaillit sur ceux qu'il prétend louer. Jamais si grosse somme n'a été si follement dépensée.

Je ne pus m'empêcher, en sor-

tant, de me retourner, & de gémir
de ce qu'une si belle Eglise soit sans
portail. Celui qui me conduisoit, ne
voulut pas me laisser aller avec une
idée désavantageuse de son pays :
car de peur que je ne soupçonnasse
que c'étoit faute d'argent qu'on en
avoit laissé la façade en brique, il
m'assura que les Moines de ce Couvent, qui sont des Bénédictins,
étoient assez riches pour entreprendre cet ouvrage. Il est fâcheux qu'il
ne se trouve pas quelque Magistrat
supérieur assez zélé pour l'honneur
du pays, pour forcer ces Moines à
exécuter ce qu'ils sont si bien en
état de faire.

Vous m'avez quelquefois entendu
parler du Génois Palladio comme
d'un bon Statuaire ; il y a dans cette
Eglise des monumens de son art,
qui annoncent hautement qu'il mérite le nom de grand Artiste. Il y a
entr'autres une Vierge Marie qui
est un excellent morceau, & un Christ
mort, qui l'emporte sur la plupart
des statues modernes. Tous les deux
sont exécutés en beau marbre blanc,

F v

& ont reçu la derniere main. Je vous ai parlé de la difficulté de sçavoir s'arrêter pour le Poëte, le Peintre, & même pour l'Architecte ; mais cette régle n'a pas lieu pour les Statuaires, ils ne peuvent jamais trop finir leurs ouvrages.

Je n'ai point encore vu d'Eglise qui soit en état d'entrer en comparaison avec celle-ci pour un autre avantage, qui est peut-être plus important pour ceux à qui elle appartient, que toute l'Architecture, les tableaux & les statues du monde. Ces Moines possédent ou prétendent avoir des Reliques de plus de Saints & de plus grands qu'aucune autre Eglise. Il y a dans un endroit de cet édifice un puits rempli d'offemens. Ce puits est couvert d'une grille, à travers laquelle on regarde ce trésor sacré & inestimable, &, pour plus de sureté & de décence, on a construit autour un mur à hauteur d'appui. Ces offemens, à ce qu'on prétend, font d'un grand nombre de Martyrs qui ont souffert pour la foi dans le *Campo Sancto*, devant cette Eglife. On y voit un concours perpétuel de Pélerins de tout âge & de tout fexe, qui vont frotter leurs chapelets fur les pierres, & les baifent avec beaucoup de ferveur & de dévotion.

Cependant les os de ces Martyrs ne font qu'une petite portion du tréfor que cette Eglife poffede dans ce genre. On ne s'y contente pas à moins de deux des Evangéliftes : il eft fingulier qu'une feule Eglife en poffede deux de quatre ; on montre les tombeaux de S. Luc & de S. Matthieu, & on affure que leurs corps font dans cette Eglife. Je m'aventurai de demander comment il fe pouvoit faire qu'il y eut auffi un corps de S. Luc, que l'on conferve à Venife comme un tréfor ineftimable ? On fourit de la prétention des Vénitiens ; on me dit qu'on fçavoit très-bien toute l'hiftoire, que Venife pouvoit y prétendre tant qu'elle voudroit ; mais que leur S. Luc étoit le véritable, & que celui dont les Vénitiens fe vantent, eft un corps fuppofé. Ce feroit beaucoup faire, pour l'honneur

F vj

de l'un ou de l'autre, d'éclaircir une dispute qui divise & scandalise l'Eglise. Si l'un des deux étoit déclaré faux, l'autre en acquéreroit plus d'honneurs que l'on n'en rend actuellement à tous les deux. Le S. Luc des Padouans étoit alors dans une espéce de disgrace ; le Pape régnant, à la sollicitation d'un Cardinal son favori, s'est déclaré pour le Saint de Venise : mais ils me disent que ç'avoit été par cabale, & qu'un jour viendroit sans doute où le leur rentreroit dans ses droits, & seroit déclaré le seul véritable & autentique. On apperçoit bien ici le mauvais effet de ces disputes : car les dévots rendent plus de respects au puits des os des Martyrs, quoique personne ne prétende avoir jamais connu le nom d'un seul, qu'au S. Evangéliste ; tant il est important d'avoir en sa faveur un titre avoué. S. Matthieu est reconnu pour vrai original ; & on ne le dispute point, c'est-à-dire, qu'aucune Eglise ne prétend en avoir un semblable. J'ai remarqué bien sensiblement dans cette occa-

fion la différence des honneurs que
l'on rend à l'un & à l'autre. Le peuple rampe fur les mains & fur les
genoux autour du tombeau de ce
Saint, tandis qu'il paffe devant l'autre prefque fans y faire attention.

Les décorations de cette Eglife,
quoiqu'en plus petit nombre que
celles de beaucoup d'autres, font bien
entendues & élégantes dans leur efpéce. Les ftalles du chœur ont quelques bas-reliefs en bois ; ce font des
fujets de l'Ecriture, exécutés de main
de maître. Le tableau de l'Autel
peint de la main de Paul Veronefe,
repréfente le martyre de Ste Juftine
patrone de l'Eglife. Il y a beaucoup
d'hardieffe dans les figures, une expreffion & une force peu commune
dans les attitudes de la principale ;
avec tout cela ce tableau eft bien inférieur à beaucoup de morceaux qui
m'ont donné jufqu'ici la plus haute
idée de ce Peintre. On n'y voit point
cette liberté & cette aifance gracieufe, qui fait fi bien fortir les beautés
dans les autres ouvrages de ce grand
maître.

Il y a dans l'ancien chœur tout auprès, quelques tableaux, qu'on ne regarde pas beaucoup, & que j'ai étudiés avec beaucoup de satisfaction. Il régne dans toutes leurs figures une roideur & une sécheresse de maniere, qui a quelque chose de révoltant au premier coup d'œil; & ce qui a encore augmenté le discrédit où ils sont, c'est sans doute les défauts qu'on voit dans les draperies, qui sont toutes remplies de petits plis, & ont l'air roide & sans graces. Ceux qui condamnent des ouvrages sur ce fondement, devroient considérer que c'étoit la coutume de ces tems-là; & que si on les méprise pour cela, il faudroit rejetter tous les tableaux qui ont plus de trois cens ans d'ancienneté. J'ai eu la patience; que dis-je? la patience; je me suis senti attirer irrésistiblement à les examiner plus à fond. Vous ferai je l'éloge de mon jugement? je me suis rappellé les triomphes de Jules-Cesar que nous avons à Hampton-Court, & que nous estimons si fort : les tableaux de ce chœur m'en rappellerent la mémoire, & j'ai décidé qu'ils, étoient d'André Montegna. La per- sonne qui m'accompagnoit, & qui n'étoit pas accoutumée à les voir beaucoup admirer, ne pût m'éclair- cir sur ce point ; mais dans la suite je trouvai mon opinion, qui n'avoit fait que se fortifier en les étudiant, confirmée par les gens qui sont plus connoisseurs dans cette partie.

Pour vous donner quelque idée des ouvrages d'un maître dont on ne parle pas beaucoup, & que je suis sûr que vous n'avez entendu même nommer par aucun de ceux qui sont venus ici, je vous dirai que je n'ai guères vû de tableaux qui appro- chent de ceux-ci pour la correction du dessein. L'entente en est excel- lente : aucun Peintre ne paroît avoir mieux sçu la perspective ; & il y a une singularité qui régne dans tous ces morceaux, c'est dans le raccour- cissement de toutes les figures qui sont debout dans des positions qui le demandent. Vous sçavez que les bons Peintres manquent souvent à cela, & que même quand ils l'exécutent, ils le font fans graces. Je n'ai jamais vû de vérité plus parfaite dans les figures de cette efpéce, & toutes font gracieufes. On m'a dit qu'il exiftoit des gravures de deux ou trois de ces tableaux, faites par l'Auteur même; j'étois bien curieux d'en voir quelques-unes; mais je n'ai pas pû en rencontrer. J'aurois pris un plaifir fingulier à voir les productions d'un tel génie dans cet art, d'autant plus qu'il eft un des premiers, pour ne pas dire le premier, qui l'ait pratiqué en Italie. Ce fut vers le milieu de fa vie, que Finiguerra Orfévre de Florence découvrit cet art, en imprimant fur du papier ce qu'il avoit gravé fur fon ouvrage: & il n'eft pas facile de décider fi Montegna n'eft pas le premier qui ait fuivi le même plan fur cuivre.

Dans le même chœur où font ces morceaux de Montegna, eft un tableau d'Autel bien exécuté, & dont le coloris fur-tout eft noble & délicat à un dégré furprenant Je n'ai pas deviné de qui il eft, on dit que c'eſt de Jules Romain. Du chœur on m'a conduit dans un ſouterrain, qui eſt maintenant une Chapelle, & qu'on dit avoir été la priſon de Ste Juſtine ; il eſt peint à freſque. Il y a auſſi quelques bonnes peintures à freſque tout autour des Cloîtres du Couvent. La plupart tant ici que dans la Chapelle, ſont aſſez bien conſervées. Le Couvent eſt vaſte & a deux choſes remarquables, une Bibliothéque des mieux ornées, & une cave des mieux fournies qui ſoient en Europe.

L'Egliſe de S. Ementani donne aux Hérétiques un privilége ſingulier ; on ſouffre que les Proteſtans y ſoient enterrés, choſe qui n'eſt pas permiſe dans tous les autres cantons de ces domaines. On n'y trouve pas beaucoup de tableaux ; mais il y en a quelques-uns fort bons. L'Autel eſt ſuperbe, & on voit de chaque côté un Saint, exécuté par Giorgino, avec toute la force & le génie qui diſtingue ce fameux Artiſte.

Dans une des Chapelles latérales j'ai encore eu occaſion d'admirer

André Montegna, dont je vous ai parlé tout à l'heure avec tant de chaleur. On y conserve un de ses morceaux, qui, s'il ne surpasse pas les premiers pour la force d'expression, le jugement & la correction du dessein, est du moins plus agréable par la vivacité du coloris. Il représente la mort de S. Jacques, admirablement & grandement traitée. Giusto a enrichi aussi cette Chapelle par un morceau d'histoire du plus haut style; c'est la mort de S. Christophe. J'ai admiré ces tableaux, & ils le méritent; mais j'avoue qu'ils m'ont paru bien moins beaux quelques minutes après. On m'a conduit à la Sacristie, où j'ai vu un S. Jean du Guide. Les graces de ce fameux maître sont certainement originales; il faut qu'il les ait reçues du Ciel; il est impossible qu'il les ait imitées d'aucun maître. Il y a dans l'air & l'attitude de la figure, une grace & une expression de sainteté & d'innocence dans toute sa contenance, que je n'ai vu nulle part : je ne crois pas qu'il existe rien de pareil.

J'ai blâmé librement le pavé de Ste Juſtine : la voute des Hermites eſt auſſi ſinguliere ; elle reſſemble à une galere renverſée : il ſemble à chaque inſtant que les bancs, les côtés & les ſolives vont vous tomber ſur la tête. On appelle cela beauté ; ç'en eſt une à certain égard, car l'ouvrage eſt très-bien fini ; mais permettez-moi de dire que cela eſt déplacé & conſéquemment mauvais.

Padoue eſt fameuſe pour ſes jardins, & ceux-ci pour les arbres & les plantes curieuſes qu'ils renferment. Je ne puis dire que je les aie goutés autant que je l'aurois du faire ; mais mon compagnon les a aſſez viſités pour nous deux. Il m'a certifié que le ſeul jardin de Moroſini contient des plantes plus précieuſes & en plus grande quantité, que ceux de Chelſea & d'Oxford pris enſemble. S'il y a quelque choſe en Angleterre, ajoute-t-il, qui mérite d'être comparé avec cette collection utile de plantes, c'eſt le jardin du feu Lord Petre au Comté d'Eſſex. Vous vous rappellez bien ce jeune Seigneur : j'avois toujours entendu dire qu'il avoit un peu de goût & de curiosité, sans sçavoir pour quel genre de science il s'étoit déclaré. La Botanique est un goût singulier, mais qui ne laisse pas d'avoir son utilité ; ceux qui s'y attachent, me disent même qu'elle a aussi ses plaisirs. J'ai vu tout ce qu'il y a à voir dans ces jardins avec attention, mais sans un plaisir bien vif. Je ne crois pas que rien ait échappé à mes regards ; mais quoique le premier coup d'œil m'ait fait plaisir, je ne serois point tenté de recommencer.

J'ai été frappé à la vûe d'un gros aloës ; la joubarbe succulente m'a fait plaisir, aussi bien que le grand cierge angulaire qui s'éleve sans pousser de feuilles, & ressemble à une colomne à pans. La poire piquante m'a surpris par ses feuilles qui croissent non sur les tiges, mais des côtés les unes des autres. Je conviens qu'il y a beaucoup de variété dans tout cela ; mais je n'ai point d'idée de la nature de ce plaisir, que les gens goutent à les regarder encore & à recommencer toujours.

Après avoir vu les différens jardins, on nous conduisit au Palais de Mantoue. C'est un beau bâtiment & bien meublé. Ses derniers possesseurs semblent avoir été gens de goût. Il y a un Cabinet bien garni de curiosités sans être surchargé de ces babiolles, qui, communément, n'occupent que trop de place dans les meilleurs cabinets d'Italie. Je voudrois pouvoir dire que la Bibliothéque a été composée avec une réserve aussi judicieuse : elle est remplie de bouquins ; mais il y auroit trop d'injustice d'en parler ainsi, si je n'ajoutois en même tems qu'elle contient quelques morceaux précieux & d'un mérite réel. J'y ai vu une chose qui m'a causé de la surprise & en même temps du plaisir : je ne me rappelle pas d'en avoir oui parler auparavant ; c'est une statue colossale représentant Hercule, par Ammanati Statuaire Florentin. Elle est bonne & majestueuse. Sa hauteur n'a pas moins de dix-neuf coudées. Je demeure d'accord avec vous que ce n'est rien en comparaison de ces morceaux immenses des anciens, dont nous avons entendu parler, & dont il exiſte encore des fragmens ; mais pour un ouvrage moderne il m'a fait bien du plaiſir.

Il y a peu de choſes qui m'ait donné autant d'eſtime pour les Artiſtes des anciens tems, que la grandeur de ces morceaux. Que devons-nous penſer de ces ſtatues dont parle Pline & d'autres Auteurs plus accrédités, dont un doigt ſeul avoit la hauteur d'une ſtatue ordinaire, & de qui le corps avoit employé je ne ſçai combien de voitures de pierres ? Nous ne croirions pas que ces morceaux euſſent jamais exiſté, ſi nous n'en poſſédions pas encore des fragmens, & ſi l'on ne pouvoit pas juger ſurement de la hauteur du géant par la grandeur de ſon pied. Je n'imagine pas que ces maſſes énormes fuſſent exécutées dans cette perfection que nous admirons dans les autres ſtatues. Longin, ſi la mémoire me fournit bien, fait une comparaiſon déſavantageuſe de ces coloſſes avec le ſoldat de Policlette, & les appelle des *maſſes* ; quoi qu'il en puiſſe être,

Il y a quelque chose de si auguste &
de si noble dans le dessein, que nous
semblons fort inférieurs à eux pour
le génie, puisque nous ne les imi-
tons pas en cela. Je ne m'étendrai
pas sur l'exactitude de ce colosse moderne ; cependant il y a une certaine
idée de grandeur & de magnificence
qu'on ne peut s'empêcher de sentir
quand on jette les yeux sur sa hauteur.

Le théâtre d'Anatomie est un noble établissement. Je ne le donne pas
pour le plus beau bâtiment qu'on eût
pû faire dans ce genre ; mais il mérite un plus grand éloge ; c'est le
plus commode qu'il soit possible de
concevoir : la table où se font les
dissections est au milieu ; il n'y a
d'espace autour qu'autant qu'il en faut
justement pour passer ; les bancs commencent dès-là à s'élever, & sont si
ferrés, si étroits, & les rangs sont si
droits les uns au-dessus des autres,
qu'à la distance près, on voit aussi
bien du plus haut rang que du bas.

Quoique je vous aie dit en général
de désavantageux des rues & des bâti-

mens de Padoue, il faut convenir
qu'en parcourant d'autres cantons
que je n'avois pas fréquentés d'abord,
j'y ai vu plusieurs choses qui m'ont
plu beaucoup. Plusieurs des maisons
dans les plus belles rues, ont été
peintes en dehors à la maniere de
celles de Gènes, quelques-unes même
par d'habiles Peintres, tels que Gior-
gione & Paul Veronese ; vous n'imaginerez pas qu'on trouve là les morceaux les plus excellens de ces grands
maîtres ; cependant ils sont tels,
qu'une personne qui a le jugement
sain en matiere de peinture, ne seroit point embarrassé d'y reconnoître
la main de l'Auteur. Ces peintures
sont naturellement grossieres & imparfaites ; il y a dans les desseins une
rudesse & une grossiereté affectées,
& la plupart ne sont exécutés qu'avec
deux couleurs ; malgré cela plusieurs
sont fort agréables. Il y a encore une
autre sorte d'élégance, recherchée
dans quelques maisons de Padoue,
dans des endroits où surement vous
ne vous attendriez pas de les trouver.
Les marteaux des portes sont des
morceaux

morceaux de fonte beaux & bien finis. Ce font des figures de divers animaux repréfentés fous toute forte d'attitudes , fouvent fingulieres & plaifantes ; d'autres font des deſſeins de feuillage & des feſtons d'un tra-vail très-recherché. Grifoni s'eſt ren-du célébre par ces fortes de deſſeins ; on en rencontre beaucoup, où il a imité très-heureuſement les lampes antiques.

Les Padouans font voir les os d'An-tenor , premier fondateur de leur Ville, & ceux de Tite-Live. Le tom-beau du premier eſt placé au bout d'une des plus belles rues de la Ville, je l'ai vu fans aucune vénération ; je ne puis pas en dire autant du tom-beau de Tite-Live. Je vous avoüe (& je m'en fais gloire) que j'ai payé un tribut de larmes involontaires aux mânes de ce grand & fameux Hiſ-torien. Ce tombeau qui eſt dans l'Hô-tel-de-Ville , eſt un grand bâtiment antique furmonté d'un toît. Il y a vers fa partie fupérieure des reſtes de quelques peintures par Giotto, abfolument gâtées. C'eſt dans cette

maifon que l'on voit auffi la pierre
du blame, *lapis Vituperii* : le débiteur
qui vouloit fe foumettre à s'affeoir le
derriere nud fur cette pierre en pleine affemblée, & faire ferment qu'il
n'étoit pas en état de payer environ
cinq livres fterlings, étoit quitte de
toutes dettes. Cette coutume bizarre
avoit tant d'inconvéniens, qu'il n'eft
pas furprenant qu'on l'ait abolie.

LETTRE LII.

J'Ai promis de vous écrire auffi
fouvent que je rencontrerois quelque chofe digne de votre attention.
Je ne fçavois pas la tâche que je
m'impofois ; fi vous y trouvez quelque plaifir dans la fuite, je ne puis
pas m'en repentir. Il y a huit jours
que nous fommes fur mer. Je ne vous
ai déja que trop barbouillé du papier, & j'avois, en m'embarquant,
dit adieu pour quinze jours à l'encre
& aux plumes ; mais il n'y a rien
de fi vain que la réfolution d'un
homme qui dit qu'il ne parlera pas,

parce qu'il s'imagine qu'il n'aura rien à dire. Le moindre mot dit en conversation, un geste, un coup d'œil, est matiere d'éloge ou de blâme ; & il ne lui est pas plus aisé de cé taire, que de manquer d'occasions de parler.

Il en est de même d'un homme qui a conçu dans son cœur autant d'amitié que j'en ai pour vous, quand il voit quelqu'objet qui lui fait plaisir. Vous m'avez inspiré une démangeaison de m'entretenir avec vous, il faut que vous en essuyiez l'effet. Quelle matiere pour une lettre, direz-vous, quand on n'a que deux objets à considérer ? la mer ou le ciel en fourniroit pour mille ; mais vous sçavez que je me suis déclaré contre toutes les choses communes & rebattues. La route que je me suis faite est nouvelle ; je verrai sur le même sujet mille choses auxquelles d'autres n'ont pas fait d'attention ; & c'est de ces remarques seules que vous aurez les fruits.

Je ne croyois pas qu'une belle soirée sur la mer eût droit à mes

obſervations : tous les Poëtes, les
Philoſophes, les Romanciers, en
ont fait la peinture ; des gens qui
ne l'ont pas vue, l'ont décrite à d'autres qui ne l'ont pas vue plus qu'eux ;
& cet enfant de l'imagination n'eſt
pas ſans ſes charmes : mais qu'ils ſont
au deſſous de la réalité ! Je ſuis ſingulier, peut-être, dans ma façon de
peindre & de m'exprimer ; mais
vous ſçavez que mon avis a toujours
été que les Peintres réuſſiſſoient mieux
que les Poëtes ſur cette matiere.
J'ai vu plus de beautés dans un ſoleil couchant du Titien ; que dans
tous les

Majoresque cadunt altis de montibus
umbræ

de Virgile, ou dans le *Feu pâle*
d'Homere, dont je vous fais grace
du paſſage ; mais Titien lui-même,
s'il eût vu le ſoleil couchant il y a
une demi-heure, eût jetté ſes tableaux dans le feu. Quoiqu'il ait
excellé ſur tous les autres Peintres
pour le brillant des couleurs, quoiqu'il réuniſſe à la fois la douceur &

la force, la délicatesse & la noblesse, il est autant au dessous de la nature, que les Poëtes sont éloignés d'atteindre au dégré de son mérite. Rempli de mon sujet, je me disposois à vous écrire; l'image étoit encore présente à mes yeux; & j'allois entreprendre ce que j'ai déja déclaré être impossible, je veux dire, de vous en tracer une juste idée; mais je suis appellé ailleurs. Un accident fâcheux, mais favorable à ma prétention chimérique, m'ordonne de quitter la plume, peut-être pour ne la reprendre jamais. Vous étes surpris que je vous parle d'une tempête au milieu d'un calme si charmant : je ne le suis pas moins que vous. Si j'y survis, vous en apprendrez des nouvelles; si non, je serai bien aise d'avoir donné un témoignage, qui pourtant ne sçauroit parvenir jusqu'à vous, que mes dernieres pensées ont été employées à votre service; & je dis en moi-même, en pliant cette lettre,

Extremum hoc munus morientis habeto.

LETTRE LIII.

COmme on rit du danger quand il eſt paſſé ! il y a du plaiſir, oui un grand plaiſir, & même une eſpéce de triomphe à parler des riſques qu'on a courus. Cette lettre que j'avois finie dans une ſorte de déſeſpoir, me ſert aujourd'hui de prétexte pour vous faire l'hiſtoire du danger, que je vais vous raconter tout au long.

Il me ſeroit difficile de rappeller un tems où je me ſois ſenti le cœur ſi gai & l'eſprit ſi ſatisfait, qu'en vous écrivant ma derniere. La beauté du ciel m'avoit charmé avant que d'avoir embelli l'horiſon. Le Maître du vaiſſeau avec qui j'avois formé une liaiſon particuliere, vint me voir ſans cérémonie, & avec un regard abbattu, & un chagrin qui tenoit du déſeſpoir, il me dit que nous étions dans la plus mauvaiſe latitude pour eſſuyer une tempête, & qu'il falloit cependant nous y préparer. Je quittai la plume; & prenant congé de vous par un vers de Virgile, je montai fur le tillac. Je crus qu'il s'étoit mocqué de moi. Je vous ai décrit le tems qu'il faifoit, il avoit perdu un peu de fon éclat. Le foleil étoit dans les bras de la belle Thétis; l'air étoit enflammé autour de lui, & l'on ne voyoit pas un nuage. Tout l'horifon étoit d'une même couleur fans aucune tache : le vent fouffloit toujours du même point, & avec autant de modération qu'auparavant. J'avois envie de rire de l'empreffement avec lequel on plioit les voiles, & faifoit la manœuvre, comme je l'avois vu faire au fort d'une tempête. Il me fembloit que ce fût un exercice, & je raillois le Maître de l'embarras où je le voyois alors : il n'avoit pas le tems de m'expliquer fes raifons; mais me montrant du doigt la poupe du vaiffeau, Voyez-vous ces *Petterels*, me dit-il ? Je fus furpris en effet de voir tant d'oifeaux autour de nous à une telle diftance de la terre. Ce qui m'étonnoit encore plus, c'étoit d'en voir arriver de toutes parts des bandes qui grof-

G iv

fiffoient le nombre, & fuivoient régulierement la même route que le
vaiffeau. Cette vûe étoit étrange &
nouvelle pour moi; & rien ne me
fembloit pouvoir m'empêcher d'en
jouir. Ce ne fut qu'après bien des
queftions, & autant de juremens de
la part des Matelots au lieu de ré-
ponfes, que mon compagnon qui
étoit monté avec moi fur le pont,
apprit que cet oifeau étoit un préfa-
ge de tempête. Le vent commença
alors à changer & nous à les croire.
On fit fermer les écoutilles, & on
pria ceux qui n'avoient que faire fur
le tillac de defcendre dans leurs chambres. Les vents augmenterent, nous
en entendîmes le bruit dans l'air,
avant que d'en fentir la violence. Le
ciel fe couvrit, & les nuages qui baif-
foient, alloient dans une direction
contraire à celle du vent qui nous
pouffoit.

La frayeur étoit peinte fur tous les
vifages, chacun fe difpofoit à travailler. Il faifoit fombre par deux
raifons, la nuit & la tempête : nous
qui étions paffagers, nous obéimes à

l'ordre de laisser le tillac libre à ceux qui y avoient besoin. Mon compagnon qui pendant tout ce tems étoit du côté du gouvernail, préparoit son fusil, & aussi sourd au sifflement des vents qu'aux juremens du pilote, il me pria d'obtenir qu'on le laissât du moins jusqu'à ce qu'il eût tué un de ces oiseaux, m'assurant sur son honneur, que c'étoit une espéce qu'il n'avoit jamais vûe. Je repecte mon Philosophe; car depuis ce jour je reconnois qu'à tous égards il a droit à ce titre. Vous avez admiré avec justice la tranquillité, & en même tems l'intrépidité d'un certain Officier Anglois, qui marchant à une attaque périlleuse, & voyant des pelicans voler au-dessus de sa tête, disoit à son camarade qu'il n'y avoit pas dans l'Univers d'oiseau qui donnât un goût aussi excellent à la soupe. Il faut que vous preniez les mêmes idées de mon compagnon; il ne connoissoit ni peine ni danger, tant que son goût favori lui offroit quelque chose de nouveau digne de son attention. Il obtint ce qu'il désí-

G v.

roit ; & ayant tué un de ces oiseaux, il employa les momens, où la frayeur s'étoit emparée de nos ames, à en considérer le bec & compter les plumes des aîles & de la queue. Pour ainsi dire entre les bras de la mort, il fut long-tems à discuter dans laquelle des classes de Linnæus il devoit placer cet oiseau ; & je ne crois pas que les Matelots aient senti plus de joie lorsque la tempête fut appaisée, que lui quand il eut fait cette découverte. Mon ami en extase prononça le mot *Passer* ; & il n'eut pas plutôt passé deux minutes à examiner ses papiers, qu'il commença à rire comme un fou de son propre aveuglement pour n'avoir pas trouvé plutôt que c'étoit le *Procellaria*. La plûpart des passagers, car nous étions alors plusieurs, auroient volontiers étranglé un homme, qui au milieu d'une tempête s'amusoit avec les plumes d'un oiseau, & troubloit leurs prieres par ses exclamations. J'avoue que je n'étois pas tout-à-fait content de lui; mais vous m'approuverez de l'avoir toujours considéré depuis ; en effet, à quoi fert le trouble d'efprit, quand on eft forcé de fe foumettre aux évenemens? J'ai envié à mon Naturalifte l'avantage de pouvoir fe poffeder dans une occafion qui abforboit toutes mes autres penfées. Je ne crois pas que dans tout le refte du voyage, il regagne les bonnes graces de tout l'équipage. Pour moi cette aventure me l'a rendu encore plus cher.

Vous décrirai-je cette tempête ? Si je puis vous la peindre, elle vous fera peine ; mais fongez qu'elle eft paffée, & qu'avec le danger il faut enfevelir la mémoire de la peine qu'il a caufé. Il étoit tard, elle fuccéda au plus beau calme ; on nous avoit averti de nous y préparer ; mais cette connoiffance redoubloit notre frayeur. Nous étions dans la plus mauvaife latitude du monde pour effuyer une tempête ; & il étoit nuit. Il furvint tout d'un coup un calme total ; les voiles qui n'étoient pas encore ferrées, placquoient contre les mats ; le vaiffeau étoit droit & balançoit à peine. Après quelques

momens d'une tranquillité entiere ;
les vents soufflerent de tous les côtés
à la fois ; les mats étoient chargés :
les Matelots courant sur le tillac s'em-
barraffoient les uns les autres ; chacun s'empreffoit à travailler , & aucun ne fçavoit ce qu'il falloit faire.
Tout d'un coup il s'éleve un vent
violent ; le vaiffeau penche fur le
côté ; les Matelots roulent fur le pont ,
les vagues s'enflent , s'élevent & fondent fur nous ; tout eft obfcurité ,
horreur. Chaque lame d'eau paffe
fur le tillac qui en eft couvert , &
tout ce que nous en voyons , eft une
écume blanche qui lui fuccéde.

Il faut qu'Homére ait effuyé une
tempête. La poëfie , du moins la
fienne , l'emporte autant fur la peinture pour repréfenter l'image d'une
tempête , que la peinture eft fupérieure à la poëfie dans la defcription
du calme ; mais Homére étoit né
pour le fublime , & vous qui le lifez
dans fon véritable goût , vous fentez
que rien ne l'affecte fi noblement que
le grand & le terrible. Il n'eft jamais fi femblable à lui-même que

lorsqu'il peint le ravage des tourbil-
lons de vents, ou la fureur d'une bataille générale.

L'horreur de cette scene avoit ras-
semblé tous les objets de terreur que
ce Poëte divin a répandu dans ses
descriptions de tempête. Je repassois
en moi-même cet endroit de son poëme, avec une espéce de frayeur
agréable ; je frémissois des efforts
combinés de l'art & de la nature,
lorsque nous entendîmes un craque-
ment affreux qui sembloit annoncer que notre vaisseau s'entr'ouvroit.
Dans un instant, de penché qu'il
étoit, il se redressa & éprouva des
balancemens. Je me crus perdu absolument ; je tombai dans une tranquillité imaginaire, & je me persua-
dai que nous enfoncions. En un moment notre vaisseau fut jetté sur le
côté opposé ; nos lumieres s'éteigni-
rent, & tout le monde qui étoit à
genoux & en prieres, fut renversé :
moi qui étoit debout je fut jetté de
l'autre côté de la chambre. Mon ami
avec une tranquillité admirable,
étoit occupé de pensées qui l'empê-

choient d'entrevoir le danger ; il éta-
loit fur la table avec des épingles les
plumes de la queue de fon oifeau.
Ce mouvement fubit renverfa tout
fon arrangement ; & tandis que je
me préparois à une mort prochaine,
il fe plaignoit amérement d'être obligé de recommencer fon calcul. Je
montai fur le tillac, j'appris du Maître du vaiffeau que le choc qui nous
avoit tant effrayé, venoit de ce que
l'on avoit viré de bord ; & j'eus la
fatisfation d'entendre que le vent
étoit beaucoup diminué. Les tempêtes font extrémement violentes dans
cette partie du monde ; mais elles
durent peu. La clarté du jour , & le
calme revinrent en même - tems ;
nous ne vîmes plus ces fatales préfa-
ges de la tempête, & le Maître affec-
tant de rire de nos craintes : Le vent
a été violent, nous dit-il ; mais il n'y
avoit rien à craindre.

J'eus alors tout le tems d'examiner
à l'aife avec mon ami l'oifeau qui
nous avoit averti de nos dangers , &
de raifonner avec le Maître & les
Matelots du fujet dont je ne pouvois

pas rire, ni le regarder comme imaginaire; je veux dire, la maniere dont
ce oifeau prévoit la tempête. C'eft
un des plus petits que j'aie vûs : mon
ami conferve bien foigneufement celui qu'il a tué ; & nous ferons en état
de vous montrer en lui une chofe
qui peut-être n'avoit jamais été vûe
auparavant qu'en volant. En attendant je vous en donnerai une idée du
mieux qu'il me fera poffible ; peut-
être que cette idée remédiera aux accidens que l'original pourroit courir
foit de la part de l'eau, du feu, des
fouris ou des rats ; mais je me fens
fatigué, non pas de m'entretenir
avec vous, mais d'écrire ; demain
je continuerai le même fujet.

LETTRE LIV.

J'Aurois bien pû continuer ma précédente lettre ; car il n'y a point
de Courrier qui me preffe de la fermer. Vous rirez de voir le même
fujet divifé en trois lettres que vous
recevrez toutes enfemble ; mais il y

a une efpéce de foulagement à s'y
reprendre à plufieurs fois ; du moins
c'en eft un pour moi ; je voudrois
être fur que ce n'en eft pas un pour
vous.

J'ai promis de vous donner quelques détails, de cet oifeau fingulier,
& que la plûpart des hommes ne connoiffent pas plus que vous. Tachons
qu'il me dédommage de la frayeur
que j'ai éprouvée en commençant à le
connoître, par le plaifir avec lequel
je me flatte que vous recevrez une
hiftoire auffi nouvelle. Il eft à peu
près de la groffeur de notre alouette ;
mais la forme de fes pattes eft parfaitement différente ; au lieu des longs
talons de cet oifeau, il a ceci de particulier, qu'il n'en a point du tout.
Sa couleur eft noirâtre par-tout ;
vous rirez ici, après m'avoir entendu
parler de fa beauté ; mais ce ne fera
pas pour long-tems : fon dos eft noir
au fond ; mais il y a par-deffus un
bleu pourpre répandu, qui eft fi brillant qu'on ne fçauroit prefque le regarder. Cette couleur varie & change à peu de chofe près comme les

couleurs des soies changeantes ; & quelquefois elle difparoît abfolument. L'oifeau a fur le col un certain mélange de ce verd & de ce pourpre que nous voyons fur le col des paons & des pigeons. Sa tête eft prefque entierement bleue ; & on voit à peine à travers la couleur du violet & du noir. Le jabot & les côtés font auffi noirs dans le fonds ; mais ils ont auffi une couleur pourpre, vive & brillante, comme le bleu de deffus le dos. Le fommet des aîles & le croupion, ont quelques mouchetures de blanc qui rendent le tout extrêmement beau. Les aîles font fort longues ; elles atteignent au-delà de l'extrémité de la queue, quand elles font fermées ; & lorfqu'elles font étendues, le corps de l'oifeau ne paroît prefque rien entre elles. La nature dont les foins s'étendent à tous les êtres, a donné à ce petit oifeau des organes proportionnés à fa maniere de vivre. Il fe nourrit de poiffon, la furface de la mer eft fa propre habitation ; il eft abfolument étranger à la terre ; & on m'a

affuré qu'on ne l'apperçoit jamais fur
les côtes. Les aîles d'une hyrondelle
ne pourroient pas lui fuffire pour voler éternellement. Malgré l'imagination qui ne comprend pas les intentions & les deffeins de la provi-
dence ; celui-ci a les pieds d'un ca-
nard : fes jambes font longues, noires & fans plumes jufqu'au corps ; il
n'en a point non plus aux jointures
comme les autres oifeaux. Ses pieds
font fort grands à proportion de la
groffeur du corps, & les doigts en
font joints par une membrane noire
& épaiffe. Ses yeux font vifs, & per-
çans. Je n'ai pas encore vû à aucun
oifeau, pas même à l'efpéce du fau-
con, le regard fi affuré, qu'à celui-
ci, quoiqu'il fût mourant lorfqu'on
me l'apporta. Son bec eft formé pour
la proie dont il doit fe nourrir ; il eft
long & délié ; il eft affez pointu quoique fans beaucoup de force : l'articu-
lation des machoires eft un peu cro-
chue ; mais le demi - bec fupérieur
n'avance pas fur l'inférieur, comme
nous le voyons dans les perroquets
& les aigles. Ses narrines placées

précisément comme celles de l'hyrondelle , forment une petite élévation à la partie supérieure du bec , & font séparées par une membrane.

Vous direz que je fais des progrès dans l'histoire naturelle. C'est une étude pour laquelle j'ai pris beaucoup de goût , malgré le point de vûe ridicule sous lequel mon pauvre Compagnon me la présente sans cesse ; car son langage déifie la nature , & l'éleve au dessus de tous les Jupiter & les Junons du Rituel Païen. Si vous vous sentez disposé à trouver mes expressions bonnes à cet égard , je vous avouerai ingénuement que quand elles sont justes , elles viennent le plus souvent de lui. Vous voyez ma modestie ; mais pour la matiere elle est toujours de moi.

Vous serez curieux de sçavoir comment ce petit oiseau peut découvrir que la tempête est prête à se former , avant que le ciel , la mer , ni l'air n'en laissent paroître le plus léger signal ; & comment il se peut faire , qu'il avertisse ceux qui seroient les plus exposés à ce danger , assez-tôt

pour qu'ils aient le tems de s'y préparer. J'ai fait à cet égard toutes les
queſtions poſſibles, & vous verrez
les réponſes qu'on a faites à mes queſtions; j'irai plus loin : duſſai-je paſſer pour ridicule, je vous donnerai
auſſi mon ſentiment. Tout notre
monde étoit compoſé de Catholiques, & de la claſſe la plus ignoran-
te; ſans en excepter même le Maître. Je crois qu'il ſçavoit parfaitement ſon métier ; mais pour tout le
reſte, il ne faut pas qu'il y prétende.
La ſuperſtition eſt toujours d'autant
plus forte qu'on eſt moins inſtruit; &
il ſemble qu'on eût pris à tâche de
la fortifier chez eux. Tous me parloient de la certitude de ces préſages;
ils m'aſſurerent que jamais on ne
voyoit ces oiſeaux que par haſard &
un à un, excepté quand la tempête
étoit prochaine ; & ils tenoient comme une eſpéce de miracle, que ces
oiſeaux étoient envoyés exprès pour
les avertir du danger. En pouſſant
plus loin mes queſtions, je trouvai
que cet oiſeau ſe rencontroit dans
preſque toutes les latitudes ; que les

mers septentrionales en fournis-
soient aussi - bien que ces climats
plus chauds : & quoique mon Natu-
raliste insistât à me dire que Ray, ni
Willoughby, ni Aldrovande, ni une
longue suite d'Auteurs dont il par-
couroit les noms avec beaucoup de
volubilité, ne l'avoient nommé ; je
suis bien trompé si le voyageur Dam-
pier ne nous en a donné quelque description. Je crois même me ressou-
venir du nom qu'il leur donne, & je
vous prie de l'examiner. Je serois
enchanté de pouvoir confondre mon
fameux philosophe par les passages
d'un Auteur pour lequel il a un souverain mépris, parce qu'il n'estime
que son propre jargon.

Vous sçavez que j'ai toujours été
ennemi du merveilleux & du miraculeux dont les Ecrivains, aussi - bien
que les Lecteurs de notre siécle, sont
si avides. Je crois avoir examiné ce
sujet avec toute la candeur d'une re-
cherche impartiale, & qu'il est aisé
d'expliquer le tout comme une suite
des causes naturelles, sans avoir recours à l'absurdité, tranchons le mot,

à l'impiété de faire intervenir immédiatement le ciel, & sans supposer à
cet oiseau des sentimens de compassion & de générosité, comme il le
faudroit nécessairement, s'il faisoit
tout cela de son propre mouvement
& par choix.

Vous conviendrez avec moi que la
conservation de soi-même est une loi
que le souverain Créateur a prescrite
à tous les ouvrages qui sont sortis de
ses mains. Quand la raison ne montre point la route, l'instinct y sup-
plée. Voilà tous les principes que je
demande que l'on m'accorde ; c'en
est assez pour expliquer toute cette
merveille par les régles ordinaires
que suit la nature : tout ce qu'on peut
tirer de là, autre que le systême de
la conservation propre des créatures,
c'est que dans une infinité de cas &
peut-être dans tous, les différens
maillons de cette chaîne surprenante sont tellement liés ensemble, que
la créature qui suit le penchant irre-
sistible de sa puissance pour son propre bien, est toujours en même-tems
& par la même action, un instru-

ment pour opérer le bien des autres.

Cet oiseau est celui de toutes les
espéces, & peut-être de tous les genres qui a les aîles les plus longues à
proportion de sa grosseur. Il plane
dans les airs comme le milan ; il s'é-
leve plus haut & vole plus vîte que
tout autre. Depuis cet accident singulier qui me l'a fait connoître , il
m'est arrivé souvent d'en voir en
l'air ; mais la curiosité générale est si
foible, que sans cette aventure , je
n'y aurois jamais fait attention. J'en
ai vu s'élever de dessus la surface de
la mer , & en un instant être à perte
de vûe. J'en ai vû traverser tout l'ho-
rison visible, ce qui fait de chaque
côté du vaisseau près de quarante
milles, en si peu de tems , que si je
vous le disois, vous me reprocheriez
de donner dans le merveilleux contre
lequel je déclamois tout à l'heure.
Cependant les bienfaits de la nature
ne sont pas toujours sans leurs inconvéniens. Cette même étendue d'aîle
si favorable à cet oiseau dans un tems
serein , le rend le jouet des vents, qui

le renverfent fouvent jufqu'au point
de le faire périr. J'ai remarqué que
c'eft toujours dans l'air calme qu'il
vole haut, pour peu que le vent foit
un peu fort, cet oifeau nage ; on ne
le voit nulle part que fur la furface
de l'eau ; & même alors il a bien de
la peine à fe foutenir contre le roulis
& l'effort des vagues.

Il n'eft pas furprenant qu'une créature qui vole avec beaucoup de rapi-
dité devance la tempête prête à éclat-
ter, & qu'il arrive un peu plutôt
dans les lieux vers lefquels la tempête s'avance dans les airs ; car elle ne
tarde pas long-tems à arriver après
lui. Dans ce cas à quoi peut lui fer-
vir fon vol ? à chercher quelque abri
pour fe mettre à couvert ; or en pleine mer y a-t-il rien de plus propre à
lui fournir cet abri que la maffe
d'un vaiffeau ? Ces oifeaux ne manquent jamais, dans cet état de dé-
treffe, de s'attacher au vaiffeau qu'ils
rencontrent : ils le fuivent, & fe
mettent à couvert du vent par devant, autant qu'il leur eft poffible.

Tandis qu'ils ne fongent uniquement

ment qu'à leur sureté, ils avertissent les matelots d'un danger qu'il leur auroit été impossible sans cela de prévoir par un si beau tems : & par la connoissance qu'ils donnent du malheur dont on est menacé, ils dédommagent amplement de la sureté, telle quelle, que le vaisseau leur fournit. Tant que la tempête dure, ils ne quittent jamais le vaisseau. Ils volent devant lui à l'abri du vent, & suivent tous ses mouvemens; mais dans des tempêtes comme celle dont nous venons d'échaper, cet abri ne leur sert pas beaucoup. Sitôt que le calme fut revenu avec le crépuscule, tous ceux qui avoient échappé à la faveur des vagues & des vents, prirent leur vol, & nous n'en apperçûmes plus que quelques-uns par hasard, dispersés çà & là dans les airs comme auparavant ; mais à mesure que nous avancions, la surface des eaux nous fit voir le ravage que la tempête avoit fait sur un grand nombre, & peut-être la plus grande partie d'entre eux. Les matelots à la priere de mon ami, en prirent plusieurs qui flottoient sur l'eau ; ils avoient été tout brisés & froissés par la violence de la tempête.

Le Maître de notre vaisseau qui avoit été plusieurs fois dans les mers du Danemarck où il avoit remarqué que ces oiseaux sont très-fréquens, rapporte qu'ils ont une connoissance fort exacte des approches des mauvais tems, & même de leur degré. Il me dit que sur ces mers on est toujours averti des gros vents par ces messagers ; que, si le vent doit être léger & supportable, ils se contentent de se poser sur l'eau, au lieu de se tenir en l'air ; & que quand il est plus violent, ils ne manquent jamais de se mettre à couvert auprès des vaisseaux.

LETTRE LV.

JE suis à Venise, mon cher Ami, & c'est avec une sorte de plaisir secret que je vous le dis : car je me sçais bon gré d'y être arrivé. Je commence à sentir un plaisir nouveau dans tout ce que je rencontre ; enfin il m'eſt impoſſible d'exprimer combien je ſuis charmé d'avoir entrepris ce voyage. Vous ſçavez que j'ai eu peine à m'y déterminer ; mes lettres vous ont appris même que j'étois aſſez mécontent des trois ou quatre premiers ſéjours. Apprenez qu'à préſent je penſe tout autrement. Je ne voudrois pas pour la moitié de ma fortune avoir négligé de faire cette tournée.

Cette ville me charme & me ſurprend tout à la fois. C'eſt une des plus grandes de toute la terre, & ſans doute la plus extraordinaire, s'il m'eſt permis de me ſervir du terme de Ville en parlant d'un lieu, qui, à mon avis, eſt plutôt ſoutenu par les eaux.

Je m'embarquai ce matin à Padoue de fort bonne heure dans une eſpéce de jolie chalouppe, qu'on appelle Barquette ; & j'ai deſcendu le Breuil ſi heureuſement & ſi vîte, que quoique la ſoirée ne ſoit pas encore bien avancée, j'ai déja eu le tems de me reconnoître, & de quoi rem-

H ij

plir une lettre de mes observations.
Est ce l'air de l'Italie qui m'inspire ?
je ne sçais ; mais jusqu'à présent je
n'ai point senti tant de courage & de
satisfaction intérieure. J'ai une ardeur intarissable de tout voir ; j'ai
même le courage de vous écrire,
quoique peut-être sans trop songer
si cela en vaut la peine.

Le bâtiment dans lequel je suis arrivé, est une très-jolie chose dans son
genre. Nous avions une grande salle
au milieu , ornée de sculpture & de
dorure. Nous fumes tirés par un
cheval une bonne partie du tems &
jusqu'à Fusino ; delà on nous toüa
jusqu'à Venise , au moyen d'un ba-
teau beaucoup plus petit appellé
Remorque , dans lequel il n'y avoit
que six rameurs.

Les maisons de campagne qui se
présentent des deux côtés de la riviere en descendant , font un très-beau
coup d'œil : elles appartiennent à
des nobles Vénitiens : je les admi-
rai toutes, quoiqu'en passant & de
loin ; je distinguai dans quelques-
unes le génie du Palladio , qui s'an-

nonçoit si glorieusement que je ne pus
m'empêcher de lui accorder plus que
de l'admiration. J'ai en effet une espéce de vénération pour ce grand Artiste : je n'avois jamais tant vû de
ses ouvrages que dans mes deux derniers séjours. Je l'estime infiniment
plus que quand je ne le connoissois
qu'en idée , & je sens que cette estime ne fera qu'augmenter, quand j'aurai eu plus de loisir de contempler
ses ouvrages.

On me montra en passant un édifice très-noble : on l'appelle *Albero
de oro* ; & l'on m'en raconta une
aventure très-singuliere. Il appartient à un Noble de la famille des
Grimani. Un de ses possesseurs dans
un tems où l'amour du jeu étoit presque aussi universel à Venise qu'il l'est
maintenant à Londres , en étoit tellement possédé, qu'il risquoit tout dès
qu'il pouvoit trouver quelqu'un qui
lui fît tête. Vous jugez bien que sa
fortune éprouva bien des révolutions : tantôt il étoit le plus riche , &
tantôt un des plus pauvres d'entre les
nobles Vénitiens. Il eut une mauvaise

veine, il perdit tout ce qu'il avoit, excepté ce Palais. Ayant trouvé un adverfaire, il le joua auffi ; mais fe réferva un arbre favori : il perdit ; l'arbre ne valoit plus rien au milieu du jardin d'un autre ; il le joua contre une fomme d'argent médiocre, & gagna. Depuis ce moment la chance tourna, & fe foutint fi bien en fa faveur, qu'avant de quitter le jeu, il fe retrouva en poffeffion de tout ce qu'il avoit perdu, & encore d'une bonne partie du bien de fon adverfaire. L'arbre eft encore fubfiftant : on l'a confervé en mémoire de cet heureux évenement ; & on l'a appellé depuis *arbre d'or*, nom que l'on a étendu à tout le Palais.

Je m'amufe à vous raconter des bagatelles ; mais il faut vous réfoudre à apprendre tout ce qui m'a fait plaifir à entendre : excufez donc l'abondance d'un cœur rempli de fatisfaction. Venife n'eft pas fur le continent, elle eft à cinq milles de la terre, & fituée au milieu de je ne fçais combien de lagunes ou marais d'eau falée. Ces lagunes étoient autrefois des fonds marécageux, mais d'une compofition différente : une partie du terrein étoit molle & le refte plus dur. La partie molle a été emportée par la mer dans le tems des marées & des tempêtes ; & le fol le plus dur a formé des efpéces de petites ifles. Elles ont été fertilifées par une grande quantité de vafe , & d'herbes marines qui y ont été jettées par fucceffion de tems. C'eft fur ces petits tas de boue dans le vafte golfe Adriatique , qu'eft fituée Venife.

Le premier ufage qu'on en fit , fut d'y conftruire des huttes pour les pêcheurs de Padoue , qui travailloient très-avantageufement dans cette partie du golfe. Les plus grandes chofes doivent fouvent leur origine à des commencemens bas & ignobles. L'invafion des Goths chaffa de Padoue & des autres parties de l'Italie, quantité de familles qui vinrent chercher un afyle fur ces petites ifles. Venife fut alors conftruite fur foixante-&-douze d'entre elles ; mais elle s'eft beaucoup étendue depuis , & en occupe à préfent bien davantage. En effet , il n'y a jamais eû de situation si favorable pour se mettre à couvert de toute sorte d'ennemis. Les armées de terre ne peuvent pas en approcher, & les flottes n'ont guère plus d'avantage sur elle par mer. Les bas-fonds y sont si fréquens, & l'entrée des lagunes est si embarrassée & si difficile, que la Ville est inabordable; & quoique ce soit un précieux morceau, elle n'a encore jamais été entourée de murailles, ni fortifiée; mais sa seule situation faisant sa sureté, elle a défié tous les efforts de ses ennemis. Il y a douze ou treize cens ans que cette Ville florissante est fondée; malgré tous les ravages que la guerre a faits sur le continent, malgré tous les changemens qu'ont éprouvé les lieux qui en ont été le siége & le sujet, non-seulement Venise a toujours resté sure dans tous les tems, on ne l'a même jamais assiégée.

On prétend que le coup d'œil de cette Ville est très-beau du côté de terre; mais rien n'en égale la beauté, quand on en approche par mer. Les maisons en sont toutes bâties sur

pilotis : & comme la plûpart font
fituées immédiatement fur l'eau , on
diroit, en la voyant, une Ville qui
fort de la mer, & les petites ifles
couvertes de bâtimens , reffemblent
à autant de villes flottantes.

Venife eft une ville confidérable,
& ne peut pas avoir moins de fept
milles de circonférence. L'eau y
baigne par - tout les fondemens des
maifons , & les canaux qui font tous
d'une largeur égale , font défendus
à leur entrée par des forts, de forte
que les gros vaiffeaux ne peuvent jamais en approcher. Les plus petites
ifles font défendues de même , outre
cela, les paffages en font fi embar-
raffés, que des vaiffeaux de moyenne
groffeur n'y aborderoient jamais ,
s'ils n'étoient gouvernés par leurs
propres pilotes ; les lagunes ou canaux, font féparés de la mer par un
banc de terre de quarante milles d'é-
tendue, & placé à cinq milles de
diftance de la Ville. En un mot,
foit que l'on confidére la Ville par
rapport à fa fureté , ou pour fa beauté , il n'y en a point dans le monde

qui puiſſe lui être comparée.

Malgré toute l'élégance de ſon apparence, on ne trouve pas Veniſe ſi parfaitement belle, quand on eſt dedans. Je n'en ai vû encore que fort peu de choſe, & pas aſſez pour pouvoir porter mon jugement ſur le tout ; mais il me ſemble que ſes différentes parties n'ont pas une forme bien réguliere. Les rues ſont fort propres & belles, mais étroites & tournantes. Les bâtimens dans beaucoup d'endroits ſont beaux & magnifiques. J'ai jetté un coup d'œil en courant, ſur ceux qui bordent le grand canal. Il traverſe la Ville par le milieu, & les maiſons des environs ont l'air d'autant de Palais. Les ponts, comme vous pouvez imaginer aiſément ſont nombreux dans un lieu où les canaux regnent le long des rues. Ils ſont conſtruits d'une pierre blanche & ſont un fort bel effet ; mais ils ſont extrêmement dangereux, ou du moins ils le ſeroient beaucoup pour un peuple moins ſobre que les Vénitiens. La pierre dont ils ſont bâtis, eſt dure, polie & fort gliſſante ; il n'y a point de parapets ; mais le peuple eſt averti du danger, & il eſt paſſé en proverbe , qu'il faut bien s'y garder de quatre P , ſçavoir, d'un Noble, d'un Prêtre , d'une Femme débauchée & des Ponts, qu'ils appellent dans leur langue, *Pantalone , Prete , Putana* & *Pietra bianca* , faiſant alluſion aux pierres blanches dont les ponts ſont faits.

En entendant parler de ces canaux, j'avois imaginé qu'ils étoient de même eſpéce que ceux de Hollande , où quoiqu'ils coulent le long d'une rue , il y a toujours de côté, & d'autre un paſſage large pour les gens à pied ; mais c'eſt toute autre choſe : le canal tient depuis une rangée de maiſons juſqu'à l'autre , & occupe toute la rue. Le peu de rues véritables qu'on voit à Veniſe ſont ſur des petites iſles entierement chargées de bâtimens ; elles ſont, comme je vous l'ai déja obſervé , étroites & déſagréables ; mais toutes pavées de la même pierre blanche dont les ponts ſont conſtruits. Veniſe avec toute ſa beauté & ſon brillant, a quel-

que chofe, à mon avis, de bien révoltant. La foirée eft fraîche & il
n'a pas fait bien chaud aujourd'hui,
cependant le canal dans le quartier
où je fuis logé fent fort mauvais. J'ai
demandé à bien des gens fi c'eft toujours de même, & fi les autres fen-
tent auffi mauvais. On m'a répondu
que quelquefois leur odeur eft in-
commode, mais qu'on ne s'en appercevoit point alors. Il faut donc qu'on
fente par fois à Venife une furieufe
puanteur. Ne vous en écris-je pas
déja beaucoup pour un homme qui
n'eft arrivé ici que depuis deux heures. Après demain vous en fçaurez
davantage. Je fuis en attendant, &c.

LETTRE LVI.

JE viens d'échaper à un danger,
que les Vénitiens qui le connoiffent, auroient du ajouter aux quatre
chofes dont on doit fe donner de
garde. C'eft une tempête qui m'a
d'autant plus allarmé que je n'en
avois aucune idée. J'étois fur l'eau

en gondole quand elle s'éleva ; mais pour expliquer tout cela à un homme, qui, comme vous, n'a jamais été à Venise, il faut commencer par dire ce que c'est que cette eau & ces gondoles. L'eau donc, ou comme on l'appelle indifféremment la lagune ou les lagunes, (car on se sert également du pluriel & du singulier pour l'exprimer) est une grande surface, d'une profondeur inégale, composée en partie de bas-fonds, & en partie de canaux. Ceux-ci coulent dans différens cantons du lit principal; & les Vénitiens sçavent bien où; mais il seroit difficile à un Etranger de le distinguer. Les gondoles sont des bateaux longs & fort étroits, conduits par deux rameurs placés l'un à la proue & l'autre à la poupe : elles vont fort vîte; mais de toutes les voitures d'eau, ce sont les moins propres à résister aux mauvais tems.

Toute la surface de la lagune en étoit couverte quand je sortis, & j'admirois l'agilité & l'adresse de mes gondoliers, & des autres qui pas-

soient devant nous. Vous croiriez
ces voitures difficiles à manier à cause de leur longueur ; mais il est étonnant avec quelle vîtesse & quelle fa-
cilité elles évitent les embarras, elles
tournent le coin d'un canal. La multitude de ces gondoles, toutes en
mouvement dans le même-tems, la
lueur du Soleil couchant sur la surface de l'eau, & l'éclat qu'en reçoivent
les bâtimens, étoient un objet admirable pour moi, qui n'avois rien vu
ni imaginé de semblable. En un moment on n'entendit plus que bruit &
confusion. Nous étions fort écartés ,
& nos gondoliers furent des premiers
à prendre l'allarme. Il y a dans le
milieu de la gondole une espéce de
banc couvert d'étoffe noire ; c'est là
que nous étions assis, quand nous vîmes nos rameurs, auparavant fort
gais, prendre tout-à-coup un air
troublé & effrayé. Le canton où nous
étions, fut nétoyé en un moment,
& nos rameurs tournerent vers la
Ville sans attendre nos ordres. Tous
les autres paroissoient aussi allarmés
que nous ; nous commençâmes à en-

tendre le vent siffler sur nos têtes, &
bientôt après la surface de l'eau s'é-
lever & former de fortes vagues. Nous
jettâmes les yeux sur le reste des gondoles ; elles étoient déja toutes ren-
trées dans la Ville. L'eau qui en avoit
été couverte, fut dégarnie en peu de
minutes, & nous qui étions allés plus
loin, nous en ressentions les effets.
Quoique la tempête ne fut pas des
plus violentes, nous courumes un
grand danger. La terreur de nos ba-
teliers ne contribuoit pas peu à augmenter la mienne. Mon ami est un
étrange homme ; il semble ne pas
connoître le danger ; il dit pourtant
ingénuement qu'il est charmé que
nous ayons échappé, & que nous
en ayons été quittes à si bon marché.

Vous rirez de mes frayeurs dans
une occasion si singuliere : car à vous
qui n'êtes pas ici, elles paroîtront ri-
dicules. Elles sont passées ; je vais
tâcher de vous entretenir plus agréablement. Quand je vous ai dit que
les ponts de Venise étoient de pierre
blanche, & n'avoient point de para-

pets, j'aurois du en excepter celui de
Rialto. En effet, je l'avois réservé
pour un examen particulier, dans le
deffein de vous en donner une defcription à part. Le cours du canal
principal décrit la figure d'une ſ renverſée : il y a outre cela un grand
canal diſtingué par le nom de *Regio* ;
mais il eſt étroit : & les autres font
fitués comme les veines dans le corps
humain , & parcourent toutes les
rues. De rue en rue on rencontre des
ponts ; ils font au nombre de plus de
cinq cens , preſque tous n'ont qu'une
arche , où on monte par des degrés.
Le Rialto ou le grand pont de Veniſe , eſt différent de tous les autres ;
il traverſe le grand canal , il eſt bâti
d'un marbre blanc fort beau ; & quoique long de quatre-vingt-dix pieds ,
il n'a qu'une ſeule arche : au‑deſſus
regnent deux rangées de boutiques ,
& de petites maiſons couvertes de
plomb. Les Vénitiens vantent fort
cet édifice & avec raiſon ; ils parlent
beaucoup des ſommes conſidérables
qu'il a coûté, & prétendent qu'il eſt
fondé ſur plus de dix mille pilotis. .

On m'a mené à l'endroit du débarquement en face de la place de S. Marc. Le Palais du Doge se présente à main droite : & sur la gauche sont les appartemens des Procurateurs de Venise, appellés les vieilles Procuraties. Presque sur le bord de l'eau s'élevent deux grandes & belles colonnes de granite : elles sont éloignées l'une de l'autre de presque toute la largeur de la place, & n'ont pas moins de soixante-dix pieds de hauteur. Au sommet de l'une est placé le Lion de Venise, & sur l'autre un Saint appellé Théodore, autrefois patron de la Ville ; mais depuis long-tems privé de cet honneur ; le Lion est un animal singulier : il a des aîles, est représenté couché, avec un livre ouvert sous une de ses griffes. En y regardant de plus près, on trouve que c'est l'Evangile S. Marc ; de l'autre patte il tient une épée nue. Le Saint est armé de toute piéces. Il n'est pas aisé de découvrir pourquoi S. Théodore a obtenu l'honneur d'un pareil habit ; quoi qu'il en soit, il en a perdu toute sa gloire. S. George eſt le patron des Génois, les anciens ennemis de Veniſe; & ce S. Théodore a tant de l'air guerrier de ce tueur de dragon, qu'on n'a pas jugé à propos de lui continuer le rang ou titre de protecteur de Veniſe.

S. Marc la Cathédrale m'a cauſé la plus grande ſatisfaction. N'allez pas pour cela, mon cher, imaginer que ce ſoit le bâtiment le plus élégant & le plus achevé dont vous ayez entendu parler: il s'en faut bien. Ovide en décrivant le Palais du Soleil, dit que le travail ſurpaſſoit la matiere; il n'en eſt pas tout-à-fait de même de l'Egliſe de S. Marc à Veniſe. Les matériaux en ſont nobles & magnifiques au plus haut point: je ne ſçais preſque que dire de la maniere dont ils ont été mis en œuvre. Cette Egliſe eſt du onziéme ſiécle; elle fut bâtie par des Architectes Grecs qu'on fit venir exprès. Elle n'eſt ni gothique, ni réguliere; en un mot, avec toute ſa magnificence & ſa ſplendeur, on ne ſçait ce que c'eſt. Pour vous en donner une idée plus juſte, je dois dire qu'elle con-

fifte en plufieurs des parties régulieres de l'architecture , raffemblées
fans régularité & avec peu de jugement.

Cette Eglife eft prefque quarrée ,
& fort élevée ; mais un des principaux inconvéniens qui réfultent de fa
forme , c'eft qu'elle eft obfcure. La
plûpart des pilliers font des ordres
grecs, mais ni bien proportionnés ,
ni placés à l'avantage. Il y a au portail un grand nombre de petites colonnes , & dans certains endroits
quatre ou cinq petites placées fur
une groffe. Le toît eft furmonté par
cinq dômes , dont celui du milieu
eft bien plus grand que les autres :
ceux qui ont examiné les Eglifes
grecques , difent qu'elles ont avec
celle-ci quelque reffemblance pour
le deffein & l'architecture ; pour moi
je n'ai jamais vû un mélange fi fingulier de quelque chofe & de rien.

Quelque jugement que l'on puiffe
porter du goût qui domine dans les
dehors de cet édifice , on eft forcé de
convenir que le dedans en eft extrêmement magnifique. Le bâtiment

est entierement de marbre. Les murs, le pavé, la voute, tout en est revêtu ; & l'on ne sçauroit trouver ailleurs une si grande variété rassemblée des différentes espéces des plus beaux & les plus précieux. On y voit avec profusion des ouvrages en mosaïque exécutés avec la plus grande précision. Vous sçavez que ce n'est point là une sorte d'ornement qui flatte beaucoup mon goût ; mais malgré ma façon de penser sur l'art employé dans la disposition des différentes piéces, j'ai été enchanté de ce que j'ai vu de la nature dans les veines des pierres. Mon ami étoit encore plus transporté que moi ; son cœur tressailloit de joie en me faisant remarquer les diverses parties de chacun de ces ouvrages, & tous les marbres que les livres nous apprennent avoir été estimés des anciens. D'un côté il me montroit une table de *Phengites*, de couleur de miel & aussi transparent que l'ambre ; on voyoit le ciment au travers. D'un autre côté, le beau marbre de Paros justifioit tout ce que les anciens Au-

teurs ont dit de son poli. Il me faisoit tourner les yeux sur le pavé,
pour y remarquer ce marbre bleuâ-
tre & brillant, qu'ils appelloient Nu-
midien. Il me montra dans un des
murs vers le nord quelques blocs de
l'espéce noire & éclatante, appellée
marbre de Lucullus. Tout auprès
étoit confondu par les Artistes modernes, quoique distingué par la
nature, & par l'œil plus exact des
Anciens, le marbre noir foncé, appellé marbre de Chios ou pierre Ob-
sidienne; & le Basaltes plus foncé
encore, mais plus brillant. Les Grecs
modernes qui ont construit cette
Eglise, ont confondu toutes ces espéces qu'ils prenoient pour les mêmes:
mon ami leur prodiguoit des épithé-
tes assez dures en m'expliquant les
caractères qui distinguent les différens marbres. Pour moi, j'aurois été
de même avis que ceux qu'il railloit,
& je les aurois crus les mêmes; mais
quand il m'en eut montré les diffé-
rences, elles me parurent sensibles
& absolument essentielles.

Il porta sa vûe jusqu'à une certaine partie de la voute pour me montrer l'efpéce verte & brillante que les Anciens appelloient marbre de Lacedemone. Je n'imaginois pas qu'il y eût rien de tel ; mais il me fembla bien pur , prefque tranfparent, & abfolument fans veines. A peine ai-je rencontré du jafpe plus beau. Entre les carreaux ordinaires du pavé, il me montra le marbre verd & le blanc, que les anciens Romains appelloient le marbre d'Augufte & celui de Tibére : & parmi les mofaïques d'un autre canton, il me fit voir les uns après les autres différens marbres que Ciceron a confondus fous le nom de verd antique, l'Ophites noir des Anciens, ainfi nommé à caufe de fes tâches noires fur un fond verd ; l'Ophites blanc qui doit cette épithéte à fes veines de cette couleur ; le *Tephria* , ou Ophites gris des mêmes tems, parfemé de tâches noires comme le premier , & quantité d'autres efpéces à qui les Anciens , ni aucuns autres depuis eux, n'avoient pas donné des noms particuliers.

Je fus furpris du marbre Thébain

des Romains, veiné d'or fur un fond pourpre. L'albâtre oriental, tranfparent & plein de veines & de bandes comme celles de l'onix, m'expliqua ce que veulent dire les anciens Ecrivains en parlant des pavés d'onix. Ils donnent à ce marbre le nom de cette pierre précieufe à caufe de fa reffemblance avec elle. Outre le porphire pourpre & le blanc connus de tout le monde fous ce nom, il m'en montra diverfes efpéces, qui fous une égale dureté, & avec l'avantage d'un femblable poli, montrent des veines d'or ou de verd & quelques tâches d'un noir luifant, qui ont un éclat que l'œil a de la peine à foutenir. Je fus furpris de voir parmi les plus belles efpéces une qu'il me fit connoître pour la même qui fe trouve à l'oueft de l'Angleterre. Vous la voyez tous les jours employée à des degrés & dans d'autres parties des bâtimens à Londres ; mais il vous eft impoffible de concevoir combien elle eft brillante & finguliere quand elle eft polie. Le granite rouge ordinaire trouve ici fa place parmi les autres; ainsi que plusieurs espéces, évidemment distinguées, auxquelles les Anciens ni les Modernes n'ont point donné de noms, quoiqu'on les rencontre fréquemment dans les édifices & dans ces ornemens.

Outre les ornemens, l'intérieur de cet édifice a dans ses différentes parties un air de grandeur qui l'emporte sur les beautés du dehors. Ces mosaïques que nous avons examinées, pour les différentes matieres dont elles sont composées, demandoient encore un coup d'œil en gros. Dans cet examen on les trouve bien différentes, & elles ont visiblement été faites en différens tems. Rien de si ridicule ni de si absurde que les anciennes; mais quelques-unes des plus modernes faites sur les desseins du Titien, méritent un tout autre jugement. Ce sont principalement des sujets tirés de l'Ecriture, ou des légendes des Saints : on y trouve aussi des figures allégoriques tout-à-fait singulieres. J'ai remarqué entr'autres deux Lions gras dans l'eau, & auprès deux autres Lions maigres sur terre.

terre. Le sens de cet emblême est un avertissement aux Vénitiens, dont le simbole est la figure de cet animal, que tant qu'ils s'employeront au commerce maritime, ils seront riches & puissans ; mais que s'ils s'aggrandissent sur terre, ils deviendront pauvres & méprisables. De tout ce que j'ai vû dans ce genre, rien ne m'a tant plû qu'une figure placée sur la principale entrée de cette Eglise : elle est faite d'après un dessein du Titien, & représente un vieillard en habit de prêtre, les bras étendus ; l'on voit sur sa tête une main seule qui lui donne sa bénédiction. Il y a dans cette figure une dignité & une aisance tout-à-fait frappante. On voit en cet endroit quelques colomnes de marbre serpentin d'un travail antique ; on prétend même qu'elles ont appartenu au temple de Salomon.

Mais de toutes les antiquités que l'on conserve dans cette Eglise & dans quelques autres endroits de Venise que j'ai déja vûs, rien ne m'a donné plus de défiance, pour tout

ce qu'en rapportent les prêtres, que
les Madones peintes, à ce qu'on prétend, par S. Luc. Il y en a une dans
cette Eglife, qu'on fait voir dans
une châffe couverte d'un verre & à
quelque diftance, pour marquer plus
de refpect, Ils ont bien leur deffein :
pour conferver l'eftime qu'on en fait,
il ne faut pas les voir de plus près.
Elles font peintes en huile maladroi-
tement ; quoique cette façon de
peindre ne fût pas encore en ufage
du tems de cet Evangélifte. Après
tout, quand on admettroit qu'elles
font véritables , tout ce qui en ré-
fulteroit, c'eft ou que S. Luc étoit
un fort mauvais Peintre, ou que la
Vierge n'étoit pas une belle perfonne, Il femble qu'on ait cherché les
figures de femmes les plus vieilles & les plus mal peintes, & qu'a-
près les avoir mifes dans des châffes
avec des verres, on leur ait donné
le nom de là fainte pour relever leur
peu de valeur.

Quelque peu de cas que les perfonnes judicieufes faffent de ces pré-
tendues antiquités, il y en a autour

de la même Eglife quelques autres
qui font au-deſſus de tous les éloges.
Vous n'avez pas vû Veniſe ; mais
vous avez peut-être entendu parler
des quatre chevaux antiques qu'on y
voit. Ce font dans leur genre les plus
beaux reſtes, que j'aye trouvé ou que
je m'attende de rencontrer de la
fculpture ancienne. Ils font de cuivre doré, & la dorure en eſt auſſi
ancienne que les figures. On n'en
voit plus guère que quelques endroits dans leur premier éclat : le
reſte eſt verdâtre ou noirâtre, felon
qu'il eſt plus ou moins rouillé. On y
remarque une connoiſſance & une
exactitude de deſſein qui étonne ;
l'exécution eſt au-deſſus de toute critique. On prétend que c'eſt un ouvrage de l'immortel Lyſippe. Ils font
placés fur la porte du milieu, & ils
ont un air naturel, qui frappe même les plus ignorans. On les a tranf-
portés à Veniſe en 1201, après le
pillage de Conſtantinople : Maurice
Zeno, premier Podeſta de la République, les envoya à Veniſe quatre
ans après. Ils étoient anciennement

placés dans le Cirque de Neron ;
Conftantin les fit tranfporter à Conf-
tantinople , entre plufieurs autres
chofes d'une valeur ineftimable , lorfqu'il y transféra le fiége de l'Empire.
Les Vénitiens en connoiffent affez
le prix, aufli bien que les autres.
C'eft un fait remarquable, que François Cavara Seigneur de Mantoue, &
qui le fut auffi de Venife , dans le
tems des troubles de cette ville avec
Gènes , eut une fois la hardieffe de
demander ces chevaux , avant que
de permettre que les Ambaffadeurs
fuffent admis à fa Cour. Que les vi-
ciffitudes de la fortune des hommes
font étranges! c'eft ce même François,
que les Vénitiens mirent à mort enfuite, en violant la parole d'honneur
donnée par leur Général, & point du
tout pour conferver leur propre cré-
dit : mais je m'éloigne de mon fujet. Les portes de l'Eglife de S. Marc
font d'airain, & répondent aux matériaux fuperbes & aux ouvrages du
dedans. Rien cependant ne m'a plus
étonné que le pavé du dôme ; ce
n'eft que par hazard que nous l'avons

découvert. Les gens qui montrent l'Eglise, passent légerement par-dessus ; mais il est pour le moins aussi beau & aussi magnifique que tout le reste. Il est si sale, que si mon compagnon n'y eût pas regardé de bien près, en examinant les marbres, nous ne nous en ferions pas apperçus. Quelle fut ma surprise, de voir que nous marchions sur un assemblage, non-seulement de marbres antiques des plus belles espéces, mais encore sur les jaspes & le vrai lapis lazuli ! Il y a beaucoup de morceaux de ces pierres précieuses dans ce pavé, qui seules seroient estimées bien cher à présent. Rien ne m'a plus causé d'étonnement que la négligence avec laquelle on laisse à l'abandon une si grande profusion de dépense & de magnificence. Les matériaux ne sont pas la seule chose à admirer dans ce pavé : le travail, quoi qu'en puissent dire les gens les plus difficiles, quant à la propreté & au bon goût, est exquis & fini à un point qui égale la valeur des matériaux pour lesquels il a été employé. Les pierres , dont cet ancien pavé eſt compoſé , ne ſont pas placées en quarreaux , mais taillées de pluſieurs formes & de figures , & formoient enſemble la repréſentation de divers ſujets ſinguliers , qui , à en juger par la vénération que leur portent les gens d'Egliſe , avoient à ce qu'on prétend , une ſignification particuliere. Suivant une ancienne tradition , c'eſt l'ouvrage d'un homme doué du don de prophétie. On l'appelle l'Abbé Joachim , & on prétend qu'il choiſit cette façon myſtérieuſe d'annoncer ſes prédictions , & qu'il n'y a point de figures ou de groupes, qui n'ayent rapport à quelque événement arrivé depuis , ou qui arrivera un jour. Quoi qu'il en puiſſe être , ce pavé , avec tout ce qu'on y voit d'ailleurs , contribue à faire penſer que les Vénitiens ont eu deſſein d'en faire la plus belle Egliſe du monde: ils ont fait tout ce qu'ils ont pû pour cela. On n'y a point épargné la dépenſe ; on y a employé les matériaux les plus précieux dans tous les genres. Malheureuſement le goût est une chose si essentielle, que le défaut de ce seul article a suffi pour déprimer toute cette profusion & le soin qu'on a pris de rassembler tant de choses précieuses. Il est sûr que S. Marc contient autant de beautés que toute autre Eglise d'Italie; cependant jamais on ne s'est avisé de la regarder comme la plus belle.

La dépense de sa construction n'est pas tout ce qui a contribué à l'enrichir ; le pillage de Constantinople par les Francs & les Vénitiens a fourni une quantité prodigieuse de richesses & de raretés, dont l'Eglise de S. Marc a profité en grande partie. On y voit beaucoup de vases d'un travail exquis, dont on est redevable à cette expédition. L'espace qui est entre la façade & l'Eglise, contient une multitude de monumens, dont quelques-uns sont trèsélégans : outre cela on rencontre une infinité de morceaux de sculpture & de mosaïque dans les portiques, les uns assez médiocres, d'autres infiniment beaux. En général je ne suis pas grand amateur de la magnificence extérieure ; mais je fuis contraint d'avouer que j'ai été frappé infiniment de la compofition du maître Autel de cette Eglife. Il eft d'or maffif, enrichi & émaillé de pierreries qui repréfentent divers fujets hiftoriques tirés de l'Ecriture. C'eft le morceau le plus riche qu'offre l'Italie ; on affure qu'il a été près de cent cinquante ans à faire.

On y voit des tableaux du Titien en affez grand nombre, & la plupart les mieux finis qui foient fortis des mains de ce célébre Peintre ; mais ils ne font pas bien en vûe. Jamais on n'a vû d'Eglife dont les fenêtres ayent été plus mal difpofées. Le vieux Palma a laiffé des reftes précieux que l'on y conferve ; il y a auffi quelques tableaux du Tintoret, qu'on regarde comme fes meilleurs. Le fujet des mofaïques de la voute eft la vie de l'Evangélifte S. Marc patron de Venife : elles font trèsbien exécutées ; & quand elles manqueroient à cet égard , elles ne laifferoient pas de mériter l'attention des curieux , ne fut-ce que par la beauté des matériaux.

On conserve ici avec beaucoup de vénération les reliques de ce Saint ; mais de toutes celles que j'ai rencontrées, il n'y en a guère qui m'ayent autant donné de plaisir qu'un morceau de pierre commune que l'on montre à Venise ; c'est un présent de Michel Paleologue & de l'Impératrice Irene ; & suivant une vieille inscription grecque qu'on y voit, c'est un morceau du rocher dont Moyse tira de l'eau dans le défert en le frappant de sa verge. On nous fit voir dans le tréfor quantité d'autres reliques, pour lefquelles le peuple eft plein de vénération, & tellement infatué, que, comme je l'ai remarqué dans tous les autres cas, il ne voit pas que ceux à qui il les montre ne partagent pas fes tranfports. Je vous ai parlé de l'Abbé Joachim, comme d'un homme qui deffinoit prophétiquement les évenemens futurs : on nous a fait voir fur la porte du tréfor les portraits de S. Dominique & de S. François, auffi reffemblans que s'ils euffent été faits d'après nature par le

L v.

plus habile mouleur ; cependant on affure qu'ils ont été exécutés par cet efprit prophétique , fort longtems avant leur naiffance. On y conferve un grand nombre d'antiques précieux ; mais le plus grand tréfor, fuivant eux , eft l'Evangile écrit de la propre main de S. Marc à ce qu'ils prétendent : je l'ai vû , mais cette rareté , ainfi que toutes les autres , ne fe montre aux étrangers qu'avec beaucoup de précautions. On ne fit que l'ouvrir , & je ne l'ai vû que de loin : les lettres en paroiffent entierement effacées & le papier tellement ufé , qu'il reffemble à une toile d'araignée. Je ne fçais pour quelle raifon ils ufent de cette précaution dans ce cas particulier ; mais dans bien d'autres c'eft agir prudemment ; car il n'y a que la diftance & le faux jour qui puiffent empêcher ceux qui ne les voyent pas avec des yeux d'enthoufiafme, d'appercevoir que la plupart font contrefaites & fauffes.

La bibliotheque eft très-belle ; la difpofition du bâtiment eft élégante

& propre ; les peintures & les ſtatues en ſont toutes bonnes. On y trouve quantité de manuſcrits précieux en Grec & dans les langues Orientales. Il y a dans une ſalle voiſine une nombreuſe collection d'antiques, legués par un Patriarche d'Aquilée, de la famille Grimani. On l'a augmentée conſidérablement ; mais ceux-ci en forment la plus grande partie. On y trouve un Ganimede dans les ſerres de l'aigle ; c'eſt un morceau d'un travail impayable. En un mot je ne crois pas avoir jamais goûté tant de plaiſir à conſidérer une collection de ce genre.

LETTRE LVII.

L'Architecture Lombarde a quelque choſe d'extrêmement ſingulier ; & ce qui lui donne cet air paroît emprunté des Maures & des Arabes. J'en ai été émerveillé dans pluſieurs édifices que j'ai vûs dernierement, & je vous l'aurois décrit, ſi j'avois bien ſçu le moyen de le faire.

Le Palais du Doge est regardé communément comme une structure gothique, mais il est plus véritablement dans le goût Lombard. Le dehors ne promet pas beaucoup ; mais le dedans est rempli de goût & de magnificence. Il y a dans la cour intérieure trois statues de grandeur naturelle, dont deux représentent Adam & Eve ; & au pied du grand escalier sont deux figures colossales de Mars & de Neptune. Elles ont assez de mérite pour engager les curieux à demander quel en a été le Sculpteur. Son nom est Sansovino ; mais ces morceaux n'égalent pas quelques autres de la même main.

La Chambre du grand Conseil est ornée des portraits de tous les Doges excepté un. J'ai voulu sçavoir ce que signifioit un cadre noir & uni qu'on a mis à sa place ; mais en s'approchant un peu de près on voit une inscription qui l'annonce. Il a été mis à la place de Charles I de Venise. Les termes de l'inscription disent qu'il auroit dû être rempli du portrait de Falieri, qui fut déca-

pité la premiere année de son ad-
miniftration.

Venife a toujours été fameufe
pour découvrir les complots ; mais
parmi tant d'hiftoires que l'on en raconte, on foupçonne que quelques-
unes peuvent avoir été faites par ceux
qui les ont découvertes. Qui peut
concevoir qu'un pauvre vieillard de
quatre-vingt-un an , qui venoit d'ê-
tre élevé à la dignité de Prince , ait
comploté la ruine de l'Etat? Cependant il eft certain que la découverte
d'une des plus fameufes confpira-
tions eft celle de Falieri, qui ayant
demandé juftice au Sénat d'un rapt,
commis en la perfonne de fa femme
par Michel Steno , fut accufé d'avoir
fait un complot pour détruire les
principaux de la Nobleffe & réduire
le peuple à l'efclavage ; & il fut exécuté le même jour fur la confeffion
d'un complice : il fut mis à mort précifément à l'endroit où fort peu de
tems auparavant il avoit été couronné.

Les chambres d'avant celle où le
Sénat s'affemble, font magnifique-

ment ornées de tableaux, peints par les meilleurs Artiftes. L'audience donnée à un Ambaffadeur de Perfe eft un très-beau morceau ; mais j'ai été frappé d'admiration, de la figure feule du Doge Grimani par le Titien: il eft repréfenté armé de toutes piéces, & priant S. Marc. Je n'ai jamais rien vû du Titien qui en approche. Paul Veronefe a réuffi prefque auffi heureufement dans un fujet femblable. Le grand Sebaftien Venier, qu'on appelle communément la terreur des Turcs, eft repréfenté à genoux devant la Vierge. La grandeur & l'humilité, réunies dans cette figure, ont quelque chofe d'exceffivement beau & plein d'expreffion. Les poffeffeurs de cet excellent tableau ont marqué leur refpect, tant pour le fujet que pour la peinture, en le faifant placer directement au-deffus du trône dans la falle d'affemblée du Sénat.

L'Arfenal de Venife fait un très-beau coup d'œil : il n'a pas moins de trois mille de circonférence. C'eft le magafin le plus furprenant que j'aye

vû, & le mieux fourni pour le fervice, tant de mer que de terre. Il
eſt ſitué à l'extrémité de la ville, la
plus proche de la mer, & eſt envi-
ronné d'une muraille. Il contient
trois grands réſervoirs qui ont communication l'un avec l'autre & tous
avec la mer; il y a des atteliers le
long de ſes côtés, & on voit tout autour des manufactures de cordages,
d'armes & autres munitions & uſten-
ciles pour le ſervice d'une flotte &
d'un camp, & des magaſins de divers matériaux, qui paroiſſent iné-
puiſables.

Notre conducteur nous a fait voir
en dernier lieu une quantité immenſe de toute ſorte de piéces d'artille-
rie & de fuſils, rangés en bon ordre,
& que l'on tient en état de ſervir ſur
le champ dans l'occaſion, ce qui fait
un beau coup d'œil. C'eſt l'Officier
qui a l'honneur de commander le
Bucentaure, lorſque le Doge va tous
les ans épouſer la mer Adriatique.
Ce qu'il y a de ſingulier dans la fonc-
tion de ſa charge, c'eſt qu'il eſt obligé
de répondre ſur ſa tête qu'il n'y aura

point de tempête ce jour-là sur la
mer Adriatique. On exige scrupu-
leusement de lui ce serment; mais la
cérémonie se fait le jour de l'Ascen-
sion, qui arrive dans une saison calme. Le couvent de S. George est un
des plus beaux & des plus élégans
de toute l'Italie. Il est bâti sur le
plan qu'en a fait Palladio. C'étoit
une Maison Religieuse dès les tems
les plus reculés : quelques-uns des
Doges s'y sont retirés , & sur-tout
Pierre Ziani , qui après y avoir mis
le feu , & fait périr beaucoup de ses
Religieux, pour se venger de ce que
son fils avoit été tué par un chien ap-
partenant à cette maison, le fit rebâtir ensuite, & abjurant la pourpre
s'y retira, & augmenta de beaucoup
son étendue & ses revenus.

L'Eglise est remplie de beaux monumens ; les Moines montrent des
reliques de S. Etienne premier Mar-
tyr Chrétien, qu'ils regardent comme une chose inappréciable. J'ai
trouvé sur un des tombeaux une singularité qui m'a plus affecté que tout
le reste. Le marbre, dont le mauso-

lée de la famille de Morofini est composé, est parsemé de veines singulieres, qui ont une ressemblance surprenante avec certains animaux & certaines plantes, que le hazard y a placée, mais dont on est tout étonné. Il y a aussi dans le chœur une rareté précieuse : c'est une boiserie sculptée en bois de noyer, qui représente toute la vie de S. Benoît. Ce travail a été fait par un jeune homme originaire de Hollande.

Un des plus fameux tableaux que j'ai vû, représente les nôces de Cana par Paola. Il est dans le réfectoire. Vous sçavez que ce Peintre se réfugia à Venise à cause d'un accident fâcheux qui lui arriva. Ce fut dans ce tems-là qu'il peignit ce tableau. Que direz-vous, quand vous sçaurez, que pour avoir fait un des plus beaux morceaux de peinture qu'il y ait au monde, il ne fut payé qu'à raison d'un scheling par jour & sa nourriture ? Il y a aussi deux beaux tableaux du Tintoret ; l'un représente le martyre de S. Etienne, & l'autre S. George qui tue le Dragon. Le plafond de la bibliotheque est bien peint, & les sujets en sont fort bien choisis. En un mot toute la maison est un des édifices les plus pompeux, les plus élégans & en même tems des plus riches que j'aye rencontrés ou que j'espere de voir.

LETTRE LVIII.

ON voit à peine à Venise le visage d'une femme, dont il ne fût aisé de se procurer la jouissance, si on en étoit bien curieux. N'allez pas conclure pour cela que toutes les femmes Vénitiennes soient des courtisannes; mais les courtisannes sont les seules femmes de Venise qui marchent à visage découvert. On les voit par bandes à leurs portes & à leurs fenêtres, bien parées & fardées pour attirer des pratiques. On ne risque point à s'y tromper; mais il n'est pas sûr de s'y fier. Je me souviens d'un jeune homme de notre connoissance, qui prit une Duchesse pour une femme galante dans

une promenade publique à Londres;
ici on ne peut pas s'y méprendre. En
Angleterre, si je ne me trompe, ces
femmes publiques affectent de se
mettre comme les femmes de dif-
tinction, & les Dames d'un certain
rang ont assez de complaisance pour
leur rendre la pareille en s'habillant
comme elles; de sorte que la Duchesse, dont je viens de parler,
n'est pas la seule qu'on pourroit
prendre pour telle; ni Fanni, la
seule de ses pareilles, qu'on pourroit traiter en Duchesse dans un Ora-
torio. A Venise les femmes de cette
trempe portent les couleurs les plus
gayes, & vont la gorge extrêmement découverte : au contraire toutes les femmes vertueuses sont couvertes d'un voile qui les cache si
bien, qu'à peine peuvent-elles voir
assez pour se conduire; toutes sont
habillées de noir : elles ne le cédent
pourtant pas aux autres, à ce qu'on
m'a dit, pour se peindre le visage;
on ne sçauroit bien deviner à quel
dessein. Personne ne voit leur visage à l'Eglise, & dans les gondo-

les elles sont entierement couvertes.
On met les jeunes filles de bonne
heure dans des couvents, d'où on ne
les retire que pour être mariées ou
pour prendre le voile, sans avoir
jamais aucun commerce avec le
monde.

Je crois qu'en Angleterre nous en
viendrons bientôt au point de faire du mariage un véritable trafic. A
Venise c'est un pur marché ; & je
crois qu'ils ont beaucoup plus de mérite à l'avouer, que nous ne pouvons en prétendre. Ils ne cherchent
pas à établir l'affection entre le mari & la femme ; le mari ne voit jamais son épouse future que quand
elle est sur le point de l'être. Les parens concluent le mariage & ont soin
qu'il soit riche. Après cela, si les é-
poux s'aiment, tant mieux ; sinon, il
n'en est ni plus ni moins. Je ne vois
pas quelle est la ressource de la femme ; pour le mari il entretient une
courtisanne, & la coutume a ensei-
gné à la femme de le souffrir paisi-
blement ; souvent même elle fait
connoissance avec elle.

Les hommes mariés ne font pas les feuls à Venife qui entretiennent des courtifannes. Les parens en fouffrent à leurs enfans : un pere ou même une bonne mere prudente a foin d'en pourvoir fon fils, dès qu'il marque quelque penchant à la galanterie. On fait marché avec quelque pauvre fille du voifinage ; & on achette cette innocente créature moyennant un certain prix comptant & une penfion. Les jeunes gens riches en ont tous, & ceux qui n'ont pas affez d'aifance pour en prendre à eux feuls, fe joignent deux, trois ou quatre enfemble pour entretenir une maîtreffe, & partagent entre eux la dépenfe. On garde la fille autant de tems qu'on a du goût pour elle, ou jufqu'à ce qu'on fe marie ; enfuite elle paffe dans la claffe des filles publiques, s'habille & fe farde comme elles.

Vous imaginerez, peut-être, que l'état de la galanterie à Venife, quoique favorable aux hommes, eft reftreint dans un cercle étroit par rapport aux femmes ; mais il ne paroît

pas que cela foit exact. Les mafcarades leur fourniffent des occafions,
dont elles fçavent tirer parti. Après
demain eft un jour de réjouiffance
publique ; j'aurai vraifemblablement
occafion de vous inftruire plus à fond
de leur maniere de conduire une intrigue : du moins je foupçonne que
ces affemblées fréquentes ne fe font
pas fans deffein : ce qui n'eft maintenant qu'un foupçon, fera changé
en certitude avant que je vous re-
crive.

LETTRE LIX.

JE me fuis figuré que les mafcarades ordinaires font peu de chofes, en comparaifon de celles du
tems de carnaval. Nous en fommes
fi éloignés qu'il n'y a point d'apparence que je le voye : je compte être
bien loin d'ici à Noel. Je n'ai vû
qu'une feule de leurs moindres affemblées de ce genre ; (c'en eft bien
affez fi les mafcarades du carnaval
fourniffent plus de liberté que celle

d'où je viens de sortir, il faut qu'il
y ait alors une extravagance com-
plette.) Ces assemblées ne sont
pas, ainsi que chez nous, composées de peu de gens & en particulier;
toute la ville est en masque, & dans
bien des endroits on ne sçauroit passer tant la foule est grande. Je ne
sçache pas que l'on fasse aucun usage de ces assemblées pour le sujet
que j'avois imaginé. A peine y a-t-il
assez de place pour former des intrigues. Tout est yvresse & folie : je ne
dis pas qu'on ne se livre au plaisir &
à la joye ; mais je n'ai jamais vû
tant d'extravagances & de dérange-
ment.

Il y a pourtant une circonstance
dans laquelle nos mascarades le cédent à celles-ci, & n'en sont qu'une
copie bien imparfaite. Les Vénitiens
prennent un nouvel esprit en changeant d'habit, & ne conservent rien
de leur gravité, de leur réserve ou de
leur façon d'agir originaire. En Angleterre nous pouvons, en tout tems,
distinguer les gens d'un certain ordre
dans les bals masqués. Rien n'est

si commun que de voir un petit maître ou un Seigneur parler en maître
& s'étaler dans un canton de la salle,
ou deux ou trois hommes de même
apparence, rassemblés dans un coin,
sans que qui que ce soit ose leur parler. Ces sortes de gens se refusent à
eux-mêmes le plaisir d'un bal, & empêchent les autres de le prendre dans
la perfection, qui en fait tout l'agré-
ment; ce n'est pas ainsi qu'on en use
à Venise : il n'y a point de peuple
plus jaloux de son honneur, ou plus
fier de ses droits & de son rang, que
les Vénitiens dans toute autre occasion; mais dans le tems des mascarades tout est au niveau; point de
distinction. L'habit des Nobles ici est
semblable à nos dominos, ou plutôt
à ce qu'étoient autrefois les dominos; car à présent la moitié des gens
en place en portent. C'est le déguise-
ment de ceux qui veulent être spec-
tateurs oisifs. Comme il n'est pas réservé alors à la Noblesse, & que
quiconque veut être oisif, le porte,
il n'attire aucune considération particuliere; & le public ne peut pas
deviner

deviner, fi les particuliers qui en font couverts, ont quelque droit à fes refpects, lorfqu'ils font à vifage découvert.

Il y a encore un autre point en quoi leurs mafcarades font fupérieures aux nôtres. Les caractères font infiniment plus variés que chez nous; & chacun remplit à merveille celui qu'il a choifi. Si vous parlez à un Arlequin, vous le trouverez auffi évaporé qu'un François & auffi poliffon qu'un Irlandois; le Jurifconfulte a un ton de difpute, & le Médecin a l'air pédant. Ils ont beaucoup de vivacité dans le langage : ceux qui n'ont pas le talent de le foutenir, ne s'y expofent pas. Tout homme, que vous rencontrerez en votre chemin, foyez fûr d'en être amufé. J'ai entendu plus de bons mots dans ce feul jour de réjouiffance, que pendant une femaine en tout autre endroit. Il eft bien fingulier de voir des gens, auffi graves que le font naturellement les Vénitiens, devenir vifs & plaifans dès qu'ils font fous le mafque; c'eft pourtant un fait

certain. On voit chez nous quelque,
chofe d'à peu près femblable en entrant dans nos bals ; mais cette efpéce de gentilleffe & de plaifante-
rie, qui ne dure chez nous qu'un moment, continue chez eux pendant
tout le tems de la mafcarade.

Les opéra, les comédies & autres divertiffemens publics, font auffi
en vogue dans le tems des mafcarades. J'y ai entendu de la mufique
excellente ; mais il y a, felon moi,
tant d'aifance & de naturel dans les
chanfons des gondoliers, que rien
n'en approche. Vous comprendrez ce
que je veux dire, & peut-être ferez-
vous de mon avis, quand vous vous
rappellerez les chanfons Ecoffoifes
de notre pays, ou les rondes des Irlandois. Cela paroît tout naturel, &
ces gens ont une grace & une aifance, dont le défaut ne peut pas
être fuppléé par rien autre chofe d'é-
tranger. Je ne connois rien de fi mé-
prifable que les comédies de ce pays-
ci. Leur Docteur, leur vieux Panta-
lon & leur filou, font des caractères ufés, qui fe reffemblent & difent

toujours la même chose, dans quelque
piéce que ce soit. Au reste il étoit bon,
que, pour les piéces que j'ai vûes,
on fût dans un tems de mascarades,
il n'auroit été guère possible aux femmes d'y assister à visage découvert.
Jamais je n'ai entendu tant de soti-
ses & d'ordures de ma vie que ce
jour-là.

Si j'avois été lassé & ennuyé de l'u-
niformité des objets du dehors, les di-
vertissemens de l'intérieur des maisons ne m'ont point du tout dédom-
magé. Il y a encore moins à faire dans
ces amusemens que dans les précédentes : ces gens sont trop attentifs sur
eux-mêmes pour marquer beaucoup
d'égards pour les autres. Je m'attendois à trouver par-tout des intrigues &
des tracasseries ; mon espérance n'a
point été remplie ; mais je n'ai pas
encore tout vû. Il y avoit des gens
placés au-dessus de moi à la Comé-
die, qui parloient d'aller à une assemblée ; je m'imaginai que, pour y
aller, il me faudroit changer d'habil-
lemens ; mais les ayant suivi, je les
vis entrer comme ils étoient. Les

K ij

assemblées à Venise sont des maisons de jeux : on en tient aussi en Angleterre parmi le peuple ; ici c'est dans cette vûe qu'on les tient, & on y paroît avec le masque. Il se trouva que nous étions dans la maison d'un Noble. Une personne bien mise tenoit la banque ; j'y suivis mes compagnons, & nous jouames. On ne me laissa pas le tems de perdre beaucoup ; car le maître des cérémonies nous congédia quelques minutes après que je fus entré dans la partie. C'est un privilege dont ils usent quand ils le jugent à propos ; & l'on voit en général tout le monde mécontent excepté lui. Je ne sçais comment ils font leur compte, il semble presque qu'ils soient les seuls qui y gagnent.

Tandis que j'étois au jeu, je remarquai parmi la foule qui m'environnoit, un jeune homme qui courtisoit avec vivacité & d'une maniere pressante une femme qui me parut fort jolie, & qui ne sembloit pas d'humeur de lui complaire, sans pourtant chercher à le fuir. Au mo-

ment que je quittai la table , j'apperçus deux ou trois autres petites parties semblables : je commençai donc
à découvrir que c'étoit là précisément ces lieux d'intrigue , que j'a-
vois cherché jusqu'alors , & que si
je ne les avois pas reconnus plutôt ,
c'est que je m'y étois très-mal pris.
Je parcourus des yeux plusieurs femmes , & je ne les arrêtai qu'après en
avoir choisi une d'une figure charmante & d'une grande vivacité. Je
pris cet air d'assurance des François
& fus la joindre. Elle me badina
beaucoup , & cependant accepta ma
compagnie : elle m'écouta débiter
toutes les douceurs que la galanterie
put m'inspirer ; elle en rioit toujours,
mais elle m'écoutoit : je l'accompa-
gnai au buffet, je lui fis ma cour, la
louai & la pressai de mon mieux , &
je commençai à ne pas désesperer de
réussir : je demandois avec instance
un rendez-vous , & je crois que j'é-
tois sur le point de l'obtenir , lorsque mon compagnon , qui ne vouloit pas me laisser seul dans une assemblée de cette espéce parce qu'il n'a-

voit pas le même goût que moi pour ces sortes de plaisirs, accourut tout consterné & la frayeur peinte sur le visage, & me dit que la Dame à qui je m'adressois étoit une femme de la premiere distinction que le mari étoit dans l'assemblée ; & qu'au moment même qu'il me parloit, cet homme avoit avec lui deux braves qui m'assassineroient à la premiere occasion. Je ne faisois que rire de cet avis, lorsque mon ami me montra celui qui lui avoit donné cet avis ; c'étoit un homme fort bien mis, placé du côté où mon ami s'étoit tenu, & qui, pour mieux confirmer la chose, me fit un grand salut : je quittai la Dame un instant pour sçavoir véritablement ce qui en étoit ; & j'en fus si convaincu, que remerciant très-sincérement mon nouvel ami inconnu, je n'approchai plus de cette femme. J'apperçus aisément qu'elle n'étoit pas contente de me perdre ; elle fit même quelques tentatives assez libres pour me rappeller ; mais ce fut inutilement. Je remerciois le ciel de m'avoir tiré de ce danger. Que penseriez-vous en effet de cette aventure ? La supercherie n'est pas moins à la mode à Venise qu'à Londres. J'avois fait lever le gibier pour qu'un autre le prît. Bientôt je vis mon donneur d'avis prendre ma place auprès de la Dame ; & il se trouva que ce prétendu avertissement n'étoit qu'une histoire faite à plaisir pour m'en écarter. Il y a long-tems que la race des braves & des assassins est éteinte à Venise. Tout cela n'étoit qu'une invention d'un Italien amoureux & oisif, pour obtenir une femme qu'il voyoit dans le goût de suivre une intrigue pour changer d'objet. Je me trouvai bien sot ; & en verité j'étois le seul qui n'avoit pas lieu de rire. Ma maîtresse avoit son galand ; & si je suis au fait du caractère des Dames Vénitiennes, c'est tout ce qu'il lui falloit. Un galand en vaut un autre. Mon compagnon est indigné d'avoir été dupe d'une pareille supercherie. Il s'étoit félicité dans l'idée que je lui avois l'obligation de m'avoir sauvé la vie ; mais sa colere étoit mainte-

K iv

nant aufli grande que fa joye l'avoit
été d'abord. Je ne pus m'empêcher de rire des malédictions qu'il
donna à toutes les courtifannes , aux
intriguans & aux menteurs. Cependant il me confeilla en ami d'éviter
à l'avenir un pareil piége ; parce que
le premier pourroit être un danger
réel.

LETTRE LX.

J'Ai pris une efpéce de paffion
pour les voitures par eau. Je me
fuis fait conduire à Ferrare dans une
barque ; & j'ai vû le plus beau payfa-
fage qu'il foit poffible d'imaginer. Je
ne fçais fi la chaleur ne contribue pas
au plaifir que l'on goûte dans ces
fortes de commodités , par la réflexion que l'on fait au défavantage de
toutes les autres. Ferrare ne me plaît
pas beaucoup ; elle a l'air d'une ville
défolée. J'avois cru Padoue mal peuplée ; mais la rue la plus déferte de
Padoue eft préférable à la meilleure
de Ferrare. Il paroît que le Pape

n'eſt pas bon maître; on prétend que,
du tems qu'elle étoit ſous la domination de ſes Ducs, les Princes de
la maiſon d'Eſt, il n'y avoit point
en Italie de ville plus floriſſante; toute la face des affaires a changé prodi-
gieuſement depuis le changement de
poſſeſſeur. On ne ſçauroit croire à
quel point la choſe eſt portée. Les
environs de Ferrare ſont naturellement plus fertiles que tout ce que
j'ai encore vû de l'Italie; perſonne
ne croit que le terrein vaille la peine d'être cultivé. La ville eſt grande, belle & bien ſituée; cependant
perſonne ne daigne y fixer ſa demeure. Tel eſt l'état actuel de cette
ville, & il n'y en a point d'autre
cauſe apparente que celle que j'ai aſ-
ſignée.

Quoique les rues de Ferrare ſoient
mal peuplées, on ne laiſſe pas que
d'y rencontrer des objets dignes de
la curioſité des étrangers. La grande rue eſt fort large & magnifique;
on y voit à une de ſes extrémités
une petite tour, où il y a un corps
de garde. Elle n'a rien de particu-
K v

lier que sa situation ; & elle produit un très-bon effet. Cette rue est croisée par une autre aussi grande, & décorée de bâtimens assez réguliers. Les points de vûe en sont beaux, & on ne trouve personne qui les interrompe ; je n'ai jamais rencontré une telle scene de désolation. Rappellez-vous la différence entre le Strand le Dimanche, pendant les heures du service, & le même Strand en tout autre jour de la semaine; elle est encore moindre qu'entre le coup d'œil des rues de Ferrare & celui de tout autre lieu que vous pourrez vous figurer.

Les Eglises ne sont pas si surchargées d'ornemens ici qu'elles le sont communément dans tout le reste de l'Italie ; mais on y trouve des choses dignes d'être vûes. Le dôme de l'Eglise de Ferrare est un bel édifice ; on m'a fait arrêter vis-à-vis pour voir deux morceaux que j'ai examinés avec plaisir. Ce sont des statues équestres en bronze ; elles représentent deux hommes de qualité de famille Ferraroise, dont l'un est qualifié dans l'inscription de *Ter pacis*

auctor, trois fois auteur de la paix.
L'Eglise de Sainte Marie *in Vado*,
est très-bonne, & j'ai été charmé
des tableaux qu'elle renferme, d'autant plus qu'outre leur mérite personnel ils ont la singularité d'être
sortis de la main d'auteurs que nous
ne connoissons guères. Il y a entr'autres un grand morceau d'histoire
peint en 1508 par Carpacio d'une
maniére très-élégante. On nous a
montré dans l'Eglise de S. François
une Chapelle peinte à fresque en
1524 par Benevento de Garofalo:
je l'aurois prise pour un ouvrage de
Raphael. Tout le monde y seroit
trompé, & on y voit si fort briller
son génie & sa maniere, que la méprise fait presque honneur à celui
qui l'a fait. Bouen, dont on connoît
à peine le nom, s'est immortalisé
par la peinture d'un miracle de S.
Antoine de Pade qui est dans cette
Eglise. L'histoire est celle d'un avare
mourant. Son cœur fut trouvé dans
son coffre fort. Le Saint remet le
cœur dans sa place, & rend la vie à
cet homme. Il seroit tout simple de

K vj

regarder ces repréſentations comme allégoriques ; mais quiconque oſe-roit douter tout haut de la réalité du fait, courroit riſque d'être aſſommé par la populace. Les Prêtres ne croyent pas un mot de ces abſurdi-tés ; quelquefois même ils ont aſſez de franchiſe pour avouer que cela eſt fait pour amuſer la populace ; que cela produit un bon effet & entre-tient en elle l'eſprit de dévotion. Ils oublient apparemment l'avertiſſe-ment de S. Paul, qu'il n'eſt pas per-mis de faire le mal pour qu'il en réſulte un bien. J'ai goûté la plus grande ſatisfaction dans l'école de la Madonne de la Circonciſion, à étudier un fameux morceau de peinture de Louis Carache, qui a fait nommer ainſi cette Egliſe. Il y en a encore quelques autres qui méritent d'être remarqués ; mais celui-ci l'emporte, à mon avis, ſur tous ceux que j'ai jamais rencontrés du même Peintre.

Le Palais des Diamants étoit un nom ſi frappant, que n'ayant pas deſſein de faire un long ſéjour dans cette ville déſerte, je paſſai légerement par-deſſus des choſes dignes d'attention pour m'y rendre. Son nom ne vient pas de ce que j'avois imaginé, & que naturellement un nom ſi fameux doit faire penſer. Il y a en dehors une eſpéce de ruſtique, dans lequel les différentes pierres avancent & ſont taillées en pointe de diamants, c'eſt ce qui a donné le nom à ce Palais. Le dedans n'a rien qui mérite d'être remarqué.

LETTRE LXI.

AVant que de vous parler de cette place, je vous raconterai un accident dont je ſuis échappé par haſard, & dont le ſouvenir ſeul me fait frémir. Il vient d'arriver un pauvre Suiſſe avec une épaule diſloquée & dans un état pitoyable. Il a ſouffert une punition que je méritois autant que lui, & auquel on auroit pu très-facilement me condamner auſſi.

C'eſt la coutume dans les villes d'Italie, d'aller, en arrivant, donner ſon nom au Gouverneur, ſujettion gênante ; & communément on en donne un faux. J'ai pris le vôtre dans la plupart des endroits. Pour mon Compagnon, comme il est aussi bien à couvert de la curiosité, sous son nom que sous tout autre, il n'a pas déguisé le sien, du moins je le crois. Il auroit donc échappé à un accident terrible, qui a pensé m'arriver à Ferrare, & dont je ne sçais comment j'ai pû être sauvé. Donner son nom est une pure cérémonie, & on ne fait pas seulement attention aux formalités qui s'en ensuivent. Nous eumes permission de rester dix jours à Ferrare ; mais comme nous ne comptions pas y séjourner, nous ne pensâmes guère à lire cette permission, autrement il y a apparence que nous aurions sçu la régle. Le pauvre Suisse, suivant la coutume qui se pratique dans les autres lieux, avoit aussi donné un faux nom, sans en sçavoir mieux que nous la conséquence. Il se trouva, parmi d'autres papiers qu'il laissa sur sa fenêtre, une commission qu'on lui avoit donnée d'acheter quelques bagatelles, & ce papier marquoit un autre nom que ne portoit la permission. Celui qui fit cette découverte, lut sur la permission du Gouverneur, que quiconque donneroit un faux nom, payeroit cinquante écus d'amende, & souffriroit trois traits de cordes. Loin de posseder les cinquante écus, le pauvre diable n'en avoit pas seulement cinq, dont son accusateur se seroit contenté pour étouffer l'affaire. Il fut donc traduit devant le Gouverneur ; le fait fut prouvé, & l'impuissance de payer cinquante écus, ajouta encore à la sevérité de la punition ; on lui lia les mains par derriere, & lui ayant attaché une corde aux poignets, on l'enleva avec une poulie jusqu'à la hauteur de vingt-cinq pieds, d'où on le laissa glisser jusqu'à ce qu'il s'arrêta par une secousse. On réitera trois fois la même cérémonie ; après quoi on laissa aller ce pauvre homme. Il y a dans ce réglement quelque chose de cruel & de révoltant. J'ai échappé à ce malheur sans l'avoir mérité plus que le Suisse ; & je lui ai fait présent de ce qu'on m'auroit fait payer pour l'amende, qui pour les perſonnes riches eſt de cinquante écus de plus, pour tenir lieu du châtiment. Mais le danger eſt paſſé, & je ſuis arrivé à bon port. Je vous écris de Ravenne, qui étoit autrefois une ville maritime ; elle ne l'eſt plus maintenant, & n'offre plus aucun veſtige de port de mer. On nous parle de beaucoup d'endroits où la mer a anticipé ſur la terre, & d'autres où la terre s'eſt accrue ; je n'en connois aucun où ce fait ſe vérifie plus diſtinctement qu'ici. Ne ſerez-vous pas ſurpris, en ſongeant qu'on arrive à un port fameux par terre, dans l'impoſſibilité d'en approcher de toute autre façon ? le fait eſt pourtant exact. Une branche du Pô nous a menés juſqu'à Alberto, à dix milles de cette ville ; & il nous a fallu faire le reſte de la route à cheval, & même aſſez déſagréablement, quoique le pays reſſemble plutôt au ſol de l'Angleterre qu'à celui d'Italie, au moins la nature l'a fait tel. Il eſt fertile au plus haut dégré, mais en friche &

fans culture. J'eus envie de rire, en approchant de Ravenne, d'une ob-fervation de mon compagnon de voyage. Il eft toujours à l'affut des occafions de montrer fon difcerne-ment. Il prétendit connoître fort bien par les plantes qui croiffent dans ce pays, qu'autrefois le terrein en étoit baigné par les eaux de la mer.

Ce ne font pas feulement, me dit-il, les habitans ordinaires de l'eau falée qui marquent les lieux où elle pénétre. Son influence s'étend jufqu'à quatre milles au dedans des terres, & fe fait même fentir bien plus loin : les végétaux particu-liers que la terre produit, ne man-quent jamais d'annoncer, fi elle a été couverte autrefois par la mer. Il continua de me dire qu'il avoit trouvé les influences de l'eau falée dans notre pays jufqu'à quatre ou cinq milles avant dans les terres, & qu'elle s'annonçoit par les plan-tes qui croiffent dans cette étendue, fur les plus hautes montagnes auffi bien que dans les plaines. Par exem-ple, me dit-il, au pays d'Effex, ce n'est pas seulement en approchant des côtes de la mer, & lorsque l'on voit croître sur les bords des fossés les absynthes & les arroches de mer, que l'on connoît que l'eau est salée : les treffles particuliers qui sont sur les cotaux, & nombre d'autres plantes, tant petites que grandes, annoncent que l'on n'est éloigné de la mer que de quatre ou cinq milles. Quant aux terreins autrefois submergés, qui sont cependant à la distance que j'ai dite, le gason, le plantain de mer & beaucoup d'autres plantes également particulieres, ne manquent jamais de l'annoncer. Il y a déja deux milles, conclut mon industrieux ami, que j'ai rencontré des habitans éloignés du voisinage de la mer, d'où j'ai connu que nous ne pouvions pas en être à plus de cinq ou six milles. Je vois maintenant autour de moi tous les habitans ordinaires de marais secs & profonds, & des pays autrefois submergés. Je souris des embarras où l'amour de quelque science particuliere jette les hommes pour en faire valoir les avantages; mais j'avois tort, nous ne tardames pas à arriver à Ravenne. Et l'histoire nous apprend que ce que les productions du sol avoient fait conjecturer à mon ami, étoit véritablement autrefois la situation de ces lieux.

Ravenne anciennement le plus fameux port que les Romains possedassent sur la mer Adriatique, est à présent une Ville située avant dans les terres. Cette Ravenne dont Auguste avoit fait un des entrepôts des Galeres Romaines, on est étonné d'en faire le tour, & d'y chercher envain la mer. Ravenne, qui, à ce qu'on prétend, a été bâtie sur pilotis comme Venise, au milieu de la mer, est maintenant sur un terrein fort solide; & la terre qui la sépare de la mer Adriatique, est une des plus riches & des plus fertiles de tout le pays.

Il est bien étrange d'aller visiter un port dans une belle campagne; c'est pourtant ce qui arrive de celui-ci où les flottes des conquérans du monde étoient accoutumées à jetter l'ancre. Tout est terre ferme à plusieurs milles à la ronde; mais il eſt aiſé de le reconnoître à la forme de cette Ville, & l'on voit encore les anneaux de fer auxquels on amarroit les Vaiſſeaux. On trouve à environ deux milles de la Ville des reſtes du fameux Phare ou Tour du Fanal. Il y a apparence que pour le conſtruire on avoit choiſi un terrein plus élevé que le reſte : on ne s'en apperçoit plus à préſent. Les fondations en ſont couvertes de quelques pieds de terre ; cependant elles ne ſont pas plus hautes que le niveau des campagnes. Cette terre d'autour du Phare, auſſi bien que celle qui a comblé ce port autrefois ſi conſidérable, doit y avoir été apportée originairement par la mer, qui avec le temps s'en eſt éloignée peu-à-peu. Ce qu'il y a de ſingulier, c'eſt que cette terre eſt la plus fertile du canton, quoique tout y ſoit aſſez bon : l'on remarque auſſi, que les végétaux qui croiſſent dans le voiſinage de la mer, & qui d'ordinaire indiquent un terrein ſtérile, croiſſent dans celui-ci. On eſt étonné de voir, à chaque endroit de ce riche terrein, les plantes qui ailleurs caractérisent les plus maigres ; elles y poussent avec une abondance prodigieuse.

Les restes du Phare font voir qu'il a été autrefois un bâtiment considérable. Pline le dit, & l'importance de son usage demandoit qu'il le fût. La partie qui est encore subsistante, a trente-sept pieds de diametre. Dans le tems qu'il fut bâti, les Romains connoissoient assez bien les proportions ; ainsi on peut conjecturer ce qu'il étoit alors.

J'ai été visiter les environs d'une Ville, autrefois entourée de mer, quoiqu'elle en soit bien éloignée maintenant, & je les ai parcourus avec un plaisir singulier. Tout se réunit pour attester la vérité : & la raillerie que je faisois de mon bon ami, qui me montre de plus en plus des preuves du fait par le produit végétable du pays, s'est changée en une sorte de vénération pour lui. Voilà un usage de la Botanique, auquel tout autre, qui l'eût possédée moins bien que lui, n'auroit jamais penſé : le fait eſt certain; & cette remarque peut, dans bien des cas, ſe trouver très-importante.

LETTRE LXII.

RAvenne ſi célébre autrefois, & qui par cette raiſon eſt appellée de nos jours Ravenne *l'ancienne*, eſt une Ville aſſez conſidérable, le ſiége d'un Archevêque, la réſidence d'un Cardinal Légat, & la Capitale de la province de Romagne. Quoiqu'à préſent elle ne ſoit pas comme autrefois dans la mer, ainſi que Veniſe, elle eſt environnée de deux petites rivieres, & la mer Adriatique en eſt à quatre milles de diſtance : le peu d'importance qui lui reſte, elle eſt bien-tôt ſur le point de le perdre. En effet, elle eſt tellement déchue de ſon ancienne ſplendeur, qu'on a peine à la reconnoître pour une Ville, qu'on lit avoir été ſi floriſſante, il y a quelques ſiécles. La domination du Pape n'eſt pas heureuſe : toutes ſes Villes que j'ai vues

jufqu'à préfent, ont toutes décliné
depuis qu'elles font fous fon obéif-
fance, & Ravenne plus que tout autre. Elle a affez d'étendue ; mais en
général, fes bâtimens font peu de
chofe, & fes principales rues fort
mal peuplées.

La Cathédrale eft un vieux bâtiment gothique, qui n'a rien de bien
élégant. Ce qu'on y voit de plus
beau, eft une double rangée de pilliers de chaque côté de la nef, qui
foutiennent la voute. Ils font de
marbre grec, & font un grand effet.
La voute eft en mofaïque ; les matériaux en font bons, mais le deffein
n'a pas un grand mérite. Le pavé
eft auffi de mofaïque, & d'un deffein encore plus mauvais que celle
de la voute. Il y a peu d'édifices de
ce genre, pourtant, qui ne fourniffent quelque objet agréable pour
un génie curieux.

Vous avez lu que dans le Temple
de Diane à Ephefe, il y avoit un
efcalier fait de bois de vigne. Je crois
que vous en avez ri ; pour moi j'en
ai ri à coup fur ; & je me reffouviens

que des gens plus raisonnables que
moi prétendoient qu'il y avoit erreur
ou dans le nom ou dans le sens que
nous lui donnions. Je rougis d'être
prêt à douter de tout ce qui ne s'accorde pas avec mes idées, & par
cette seule raison. L'Eglise que j'ai
visitée, fait voir que tout ce qu'on a
dit de cet escalier & de bien d'autres
choses, peut être vrai à la lettre.
La grande porte de cette Cathédrale
est faite de planches de vigne qui
sont assez fortes. La plûpart ont
douze pieds de longueur, un pied
de largeur & deux ou trois pouces
d'épaisseur. Le bois en est assez solide
& d'un très-beau grain. Le sol des
environs de Ravenne est favorable
pour les vignes, ce qui est assez singulier ; car il est fertile, au lieu que
le plus souvent la vigne ne reussit que
dans les terreins stériles : nous jettons
des décombres & toute sorte de matériaux usés pour appauvrir la terre
où nous voulons en planter : mais la
fertilité des environs de Ravenne la
fait pousser d'une grandeur surprenante. On m'a fait voir des ceps assez

fez gros pour me convaincre qu'il
eſt poſſible que les planches de la
grande porte de la Cathédrale ſoient
de ce bois, & j'en ſuis perſuadé moi-
même.

Quoiqu'il n'y ait rien de bien ſingulier dans l'Egliſe même, j'y ai vu
une Chapelle qui m'a fait beaucoup
de plaiſir. Le maître-Autel eſt peint
par le Guide & ne le céde point à
tout ce que j'ai vû de ce grand
Artiſte. Ce Tableau repréſente la re-
colte de la Manne dans le déſert.
Vous avez entendu parler avec éloge d'un morceau de ce Peintre dans
le St. Michel de Boſco à Boulogne ; il y a dans celui-ci une tête
qui lui reſſemble à ce qu'on prétend ; ſi l'autre eſt auſſi bonne que
celle-ci, elle mérite tout ce qu'on
en a dit. Mais je ſuis encore plus
frappé d'une autre figure, à laquelle
la plus grande partie de ceux qui la
voyent ne font guère d'attention,
c'eſt une femme qui porte ſur ſa tête
un vaſe rempli de manne. Il y a dans
ſon attitude une beauté & une aiſance
qu'il eſt rare de rencontrer, & ſa tête

Tome II. L

a toute la simplicité & la délicatesse qui diftingue le pinceau de ce grand maître. Le plafond eft peint de la même main; il repréfente le Sauveur dans des nuages, tenant la croix dans fa main, & entouré d'une quantité d'Anges. On voit fur la face du Sauveur une dignité & une férénité qui charment. Mais la figure la plus remarquable pour l'élégance & la grace qui font particulieres au Guide, eft celle de l'Archange Michel. On trouve dans ce tableau quelque chofe de cette grandeur & de cette divinité que les Anciens remarquoient avec tant de vénération dans les ouvrages des fameux Statuaires. Il eft plus que mortel; & cependant fa figure a toutes les proportions humaines.

C'eft à Ravenne que St. Vitalis fut noyé dans un puits. On a conftruit une Eglife à l'endroit même, & on conferve le puits encore ouvert derriere un des Autels; fon eau guérit toute forte de maladies; c'eft la grande médecine de Ravenne. Il y a dans tout cela quelque manœuvre que les vrais dévots ne voyent pas.

Ce sont les Ecclésiastiques qui en dis-
tribuent l'eau, & ils n'en donnent
qu'à qui ils veulent. Elle est purga-
tive ; mais cette qualité lui est-elle
naturelle, ou vient-elle de quelque
chose que les Prêtres y ajoutent ?
c'est ce qu'il n'est pas facile de sçavoir.
Il y a dans l'Eglise un tableau qui
représente la mort du Saint. Ce sujet
n'est pas bien favorable, mais Baroccio l'a rendu si habilement, que son
ouvrage fait honneur au Saint & à
lui-même. Les Poëtes ont une façon
d'annoblir les sujets stériles ou désa-
gréables, qu'ils sont obligés de traiter. Je trouve que les Peintres ont le
même talent. Je n'ai pas vu beaucoup de morceaux de Baroccio ;
mais ce que j'en ai rencontré est excellent, quoique celui-ci passe pour
le meilleur. Il y a dans le dessein
un jugement & une correction qui
charment les yeux accoutumés à en
blamer le défaut, même dans de bons
maîtres, & à le respecter dans les
plus grands. Les figures en sont toutes gracieuses ; & on trouve dans
l'ensemble une élégance qui fait pas-

fer par-deſſus la difficulté du ſujet.
Il eſt aiſé de diſtinguer quels ont
été les maîtres favoris de Baroccio;
à la vérité, il eſt moins original que
la plûpart des grands Peintres; on
apperçoit Raphael dans les contours
& les attitudes des figures, & Córrege
dans le coloris. Il les avoit étudié trop
exactement, pour laiſſer prendre à
ſon génie ſon eſſor naturel; mais on
ne peut pas décider ſi cette imitation
ne vaut pas mieux, que toute l'origi-
nalité qui auroit pu le diſtinguer des
autres. Je n'ai encore rencontré de
lui, juſqu'à préſent, que des ſujets tirés des Légendes ou de l'Ecriture; & il a réuſſi juſqu'à l'admiration
dans pluſieurs de ces derniers. Il me
paroît avoir été un peu enthouſiaſte.
On prétend qu'il avoit une très mauvaiſe ſanté, & qu'il employoit tous
les bons intervalles de ſa maladie à
ces ouvrages pieux. Ses amis diſent
qu'il fut empoiſonné à Rome par des
Peintres avec qui il s'étoit aſſocié, &
qui porterent envie à ſon mérite naiſ-
ſant; mais cela n'eſt pas probable.
Il s'attacha beaucoup à ſes études

pendant fa jeuneſſe ; or on ſçait qu'il
eſt très-contraire au temperament
d'être continuellement penché ſur
des couleurs liquides. On peut dire
dans ce ſens qu'il fut empoiſonné à
Rome ; car il y paſſa bien des années
à étudier avec une application ſans
relache. Quand il n'auroit pas laiſſé
d'autre tableau que la mort de S. Vitalis , celui-là auroit ſuffi pour le
mettre en réputation & payer toutes
ſes fatigues.

Le comblement du port, & la
couverture des fondations du Phare
ne ſont pas les ſeules marques qui
prouvent que la terre s'eſt amaſſée
autour de Ravenne , & en a fait d'un
port de mer , une Ville entourée de
campagnes fertiles ; une petite Egliſe
appellée la Rotonde , qui mérite plus
d'être vue qué toute autre choſe , &
qui eſt ſituée hors des murs, en fournit encore la preuve. Elle eſt peu diſ-
tante du vieux port , qui eſt l'endroit
où la terre ſemble s'être amoncelée
en plus grande quantité. Quoique cet
ouvrage ait été conſtruit par un peuple que nos nations civiliſées ſont

dans l'ufage de traiter de barbare,
c'eft un monument. d'amour filial
dont on ne trouveroit pas le femblable dans toute l'Europe. C'eft un mau-
folée élevé à la mémoire de Théodoric, par fa fille Amalafonte, qui,
enfuite fut affaffinée par ordre de
fon mari Théodat dans une des Ifles
du Bolfano. L'Eglife eft de figure
ronde, & compofée d'un rez - de-
chauffée & un étage par-deffus. On
faifoit autrefois le fervice divin dans
l'Eglife baffe ; mais à préfent que la
terre eft élevée autour des murs de
l'édifice prefque jufqu'au haut des
portes, & que le plancher en eft couvert d'une certaine épaiffeur d'eau,
l'étage fupérieur fert de Chapelle.
On avoit placé en haut du dome un
tombeau de Porphire, qui renfer-
moit les cendres du Monarque ; le
canon des François pendant le fiége
auquel commandoit Gafton de Foix,
endommagea tellement ce monument, qu'on le retira bientôt après,
pour le placer contre une muraille
dans une autre quartier de la ville où
on le voit maintenant ; il y eft fcellé

de telle maniere , qu'on n'apperçoit qu'un côté du mausolée ; encore est-il considérablement endommagé.

Le toit destiné à porter un poids
si immense que celui de la charge de
marbre qui forme le mausolée, devoit
être bien fort. Aussi l'est il ; & c'est la
chose la plus curieuse que j'aye ren-
contrée. Le diametre du dome en
dedans œuvre est de trente pieds,
celui de dehors de trente huit ; & le
tout est formé d'une seule pierre.
Cette grande masse de rocher avoit
originairement quarante pieds de
diametre & quinze de hauteur : on l'a
creusée & diminuée jusqu'à ce qu'elle
a été propre à former la calote entiere
de l'Eglise, & c'est une coquille d'environ quatre pieds d'épaisseur. Il n'y
a point d'endroit où l'on puisse trouver un pareil monument d'art & de
travail. On ne sçauroit concevoir
comment on a pu le travailler ; il est
encore plus difficile d'imaginer de
quelle façon on a pu s'y prendre pour
l'enlever, & le placer où il est actuellement.

L iv

La muraille dans laquelle est attaché maintenant le tombeau qui
étoit autrefois placé au haut du dome, appartient à un Couvent de Re-
colets, situé dans le lieu où ce
Théodoric avoit un palais superbe.
Ce fut ce Monarque Goth, que
l'Empereur Zenon envoya en Italie,
comme son Vice-Gérent, avec une
commission particuliere de combat-
tre Odoacre, Roi des Herules. Il se
defit bientôt de son ennemi, &
quand il eut achevé cette expédition, il établit sa propre famille sur
le trône d'Occident, où elle regna
pendant une succession de huit Princes jusqu'au tems où elle fut extir-
pée par Bellisaire & Narsès.

Le Couvent des Théatins est un
édifice circulaire comme la Rotonde,
mais beaucoup plus grand. Il est construit sur le modèle de la fameuse
Eglise de Ste. Sophie de Constantinople. Placidie en fut la véritable
fondatrice; elle & Honorius son frere
y sont représentés avec les ornemens
Impériaux, qu'ils avoient à la cérémonie de sa Consécration. A l'autre

côté du jardin est une Chapelle où il y a aussi beaucoup d'ouvrages en mosaïque , à-peu-près du même tems. On y voit trois tombeaux de marbre, qui contiennent les cendres de Placidie , de Constance César son second mari , & de son fils Valentinien III , sous qui cessa l'Empire d'Occident. Maxime le fit massacrer pour se venger du rapt qu'il avoit commis envers sa femme , & usurpa sa souveraine puissance. Ensuite il épousa la veuve du malheureux Prince qu'il avoit tué. Ce fut elle qui y attira Genseric , Roi des Vandales , lequel pilla Rome , & mit fin à l'Empire d'Occident.

Le tombeau de Placidie a souffert quelque dégradation par la brutalité des Luthériens Allemands , au service de l'Empereur , qui eurent leur quartier à Ravenne pendant la derniere guerre d'Italie. Ils crurent faire un acte de piété en détruisant tout ce qui portoit les marques d'un personnage célébre de la religion Romaine. Ils ont aussi endommagé considérablement la voute. Ils se di-

L v

vertiſſoient à tirer à balles dans la
moſaïque dont elle eſt décorée.
Nous voyons mille monumens dé-
plorables de la fureur des ennemis
ſur les Egliſes, non-ſeulement d'Italie, mais même en Angleterre. Il
y en a probablement une bonne moitié qui ne vient pas tant de la barba-
rie des conquerans, que de cette mé-
chanceté inoüie.

Il y a encore deux ou trois antiquités, dont il faut que je vous parle
avant que de quitter Ravenne. Je
vous ai nommé l'Egliſe de S. Vitalis :
ſous un des porches de cet édifice,
on me fit voir un bas-relief qui m'a
cauſé beaucoup de plaiſir, quoique
mon guide ne me parût pas en faire
un cas bien particulier. Il eſt de marbre blanc, d'un très-beau bloc, mais
qui a été un peu endommagé ; on y
remarque un grand nombre de figures
très-bien exécutées. Vous jugerez des
autres, quand je vous aurai dit que je
reconnus auſſi-tôt la face de Trajan. Le ſujet eſt un ſacrifice, & l'Empereur y eſt repréſenté ſous l'habit
& le caractère de grand-Prêtre, &

en faifant les fonctions. Le bénitier
eſt un vaſe antique, & qui n'eſt pas
fans mérite, c'eſt une urne d'albâtre.
On raconte une hiſtoire ridicule de
la maniere dont elle fut trouvée par un
homme qui creuſa dans un endroit,
fans autre indication, que d'avoir vu
un pigeon qui y plongea ſon bec dans
un peu d'eau. On prétend qu'elle
étoit remplie d'or & de bijoux ; &
même on en montre qu'on aſſure
avoir fait partie de ce tréſor ; c'eſt
une vraie baliverne. Il y a auſſi dans
la ſacriſtie de la même Egliſe, deux
colomnes de marbre très-magnifi-
ques ; elles ſont chacune d'une ſeule
pierre, de l'eſpece orientale. Il faut
qu'elles ayent fait partie de quelque
édifice pompeux. Théodoric, quoique Goth, avoit du génie & du goût :
il y a beaucoup de fragmens de grands
édifices, qui ſemblent tous devoir
être rapportés à ces tems-là : ces colomnes & quantité d'autres de l'Egliſe
d'Apollinius, qui eſt ſituée au lieu
même où étoit le Palais de Théodoric, en fourniſſent des preuves certaines. Parmi les dernieres, on en

L vj

trouve quatre de porphire, deux
d'albâtre oriental, qui font toutes
d'une beauté prodigieufe. Entre un
grand nombre de colomnes de marbre grec, qu'on voit dans la Cathédrale, il y en a quelques-unes d'albâtre; & dans l'Eglife de S. Jean-
Baptifte, deux de verd antique que
je trouve ineftimables. On rencontre
auffi plufieurs maufolées, & d'autres
reftes des tems du bas Empire. Entre
les morceaux modernes de ce genre,
je ne dois pas oublier celui du Dante,
le Chaucer d'Italie : c'eft un monument gothique, placé en-dehors de
l'Eglife de S. Vitalis; l'épitaphe a
été compofée par lui-même. Le ref-
taurateur du Poëme Epique fut la
victime d'une baffe cabale; tandis
qu'il étoit employé au-dehors dans
des fonctions honorables, il fut con-
damné dans fa patrie, à un exil perpétuel. Ravenne fut l'afyle où il fe
retira. Il fe jetta entre les bras de Gui
de Polentano, Seigneur de la Ville;
& c'eft fous fa protection, qu'il écri-
vit fon Poëme fur le Paradis, le
Purgatoire & l'Enfer. Comme il n'é-

toit plus à portée de ſes enemis, il ne
leur fit point de quartier. Il damna à
toute éternité dans ſon Poëme, tout
ceux qui avoient contribué à ſon exil.
L'indignation de François I, qui,
deux ſiécles après, fit effacer certains
vers de toutes les éditions, eſt un
aveu bien formel qu'on en ſentoit
toute la force. Dante a dû ſe felici-
ter dans ſon tombeau de voir que
ſon juſte reſſentiment a été ſenti
dans toute ſon étendue, après un
tems ſi conſidérable par les deſcen-
dans & les ſucceſſeurs de ceux qui,
lorſqu'ils firent l'injuſtice à l'homme,
ne penſoient pas que le Poëte ſe ven-
geroit de l'inſulte.

Entre les Antiquités que j'ai
laiſſées pour faire cette digreſſion en
faveur de l'auteur, il y a dans l'E-
gliſe des Moines Camaldules dédiée à S. Romuald, quatre pilliers
antiques de Nero Bianco, eſpéce de
marbre que bien des gens eſtiment
plus que le porphire ou le granite;
ce ſont ceux qui ſoutiennent l'Autel.
On ne finit point de viſiter avec plaiſir ces Egliſes. Je croyois autrefois

qu'en général, les édifices étoient si
semblables, aussi-bien que les ornemens en particulier, que quand j'en
aurois vu deux ou trois, les autres
me deviendroient insipides. J'é-
prouve bien le contraire, & je les
vois toujours avec un nouveau charme. Peut-être la relation que je vous
en fais, ne vous présente-t-elle qu'un
échantillon bien foible du plaisir
sensible que j'ai à les observer : si
cela est, dites-le-moi franchement :
sans cesser pour cela de les visiter ; je
vous parlerai dans mes lettres, des
autres objets qui ont satisfait ma curiosité.

LETTRE LXIII.

JE suis à Rimini : nous avons été
obligés de passer le Pisatello pour
y arriver. Nous avons vu en certains
endroits des gens qui l'appellent *Ri-
gon* & *Rigone*. C'est le Rubicon des
anciens Auteurs : il ressemble à beaucoup d'autres choses qui ont un nom
pompeux ; il fait à présent fort peu

de figure en comparaison des descriptions qu'on nous en a données.
Nous l'avons passé à gué. On croiroit
d'après les épithetes de quelques Poëtes, qu'il étoit aussi gros que le Rhin :
mais on nous dit communément, que
quand César le passa, il étoit gonflé
par la fonte des neiges. Le Poëte avoit
saisi un fort bon expédient, déterminé, comme il l'étoit, à annoblir
tout ce qui avoit rapport à son Héros.
Au reste, on n'est pas bien certain si
c'est le vrai Rubicon ou non. Il y a
des gens qui prétendent que la riviere appellée maintenant *Luzo*, est
celle que les Anciens appelloient Rubicon. Après tout, le passage de
César avec son armée est quelque
chose d'assez singulier. Si on en croit
Suetone, dans le discours qu'il a fait
tenir à César, il devoit y avoir un
pont sur cette riviere. « Il est encore
» tems de retourner en arriere ; mais si
» une fois nous passons ce petit pont,
» c'est à l'épée à décider de toutes nos
» démarches. » En effet, il étoit important, & même très-important pour
le Conquérant de le passer : encore

falloit - il beaucoup d'adreſſe pour cela. J'admire la fineſſe du Géneral, qui, ſçachant qu'il avoit affaire à un peuple ſuperſtitieux, fortifia ſa réſolution par un prodige. Suetone raconte le fait avec un air de vérité; mais il eſt aiſé, à quiconque connoît le caractère de Céſar, de conjecturer ce que c'étoit. Tandis qu'on délibéroit ſi on paſſeroit ou non, une perſonne d'une beauté ſinguliere parut à leurs yeux, aſſiſe & jouant du flageolet. Il y avoit parmi les gens qui s'aſſemblerent en foule autour de lui quelques trompettes. Il prend un de leurs inſtrumens; & jettant ſon flageolet, il s'avance à grands pas vers la riviere, & ſonne la charge. Céſar s'écria auſſi-tôt: « Allons; les prodiges des Dieux ſe joignent avec l'injuſtice de nos ennemis, & nous diſent de marcher en avant. Le ſort en eſt jetté; c'eſt à la fortune à faire le reſte. »

Rimini eſt encore une des Villes deſolées de la Romagne. Elle eſt ſous la domination du Pape, ainſi que toutes les autres que j'ai nommées comme telles. Cette Ville eſt fort ancienne : il en eſt parlé du tems des Romains, comme d'une Ville très-célébre, & le ſiége d'une Colonie conſidérable. Auguſte a beaucoup augmenté ſes édifices ; mais ſon origine remonte encore plus loin que ſes prédéceſſeurs ; il y a même une tradition, ſuivant laquelle elle fut fondée par les compagnons d'Hercule. On ne ſçauroit réfléchir ſans quelque peine ſur le deſtin des Villes d'une origine ſi ancienne & ſi illuſtre. Ce qui étoit autrefois un des plus beaux ports de l'Italie, n'eſt plus un port : le marbre dont il étoit bâti, ſe trouve maintenant dans l'Egliſe de S. François ; & ce qui, dans les tems reculés, étoit une place marchande, riche & bien peuplée, n'a plus aucun commerce, & n'eſt habité que par un petit nombre de gens oiſifs.

On ne conçoit pas ce qui peut avoir chaſſé les habitans de cette Ville. Tout le pays n'en fournit pas de plus agréablement ſituée que Rimini. Elle eſt bâtie dans une plaine ex-

trêmement fertile, proche de la côte
de la mer Adriatique, & environnée
par derriere d'un amphitheâtre formé
par la nature. Le penchant des côteaux
est couvert de vignes & de figuiers
qui en font un beau paysage : le
canton est plus abondant que ne l'est
le commun de l'Italie ; mais il faut
que les habitans soient surchargés,
ou bien paresseux.

Quelle que soit la position de Rimini par rapport à ses édifices modernes, il lui en reste assez d'anciens
pour exciter la curiosité des plus
grands connoisseurs, & pour la satisfaire. Nous lisons qu'il y avoit un
pont de marbre bâti à Arminium.
Arminium est la même Ville que
Rimini. Le pont est encore exis-
tant ; c'est un monument célébre du
gout & de la richesse des Romains. Il
fut commencé par Auguste, & Tibere
le fit achever. On lit encore sur les
ceintres une inscription qui en rend
témoignage. Ce pont a cinq arches,
& est un noble morceau d'Architecture. C'est un des quatre grands
ponts qu'Auguste avoit resolu de bâ-

tir fur la voie Flaminienne qui fe
joint à Rimini avec la voie Emi-
lienne.

Il y a auffi un arc de triomphe
qu'Augufte fit conftruire, & qui fert
aujourd'hui de porte à la Ville. Cet
édifice eft en même tems fuperbe &
élégant, d'un gout excellent & fort
bien exécuté. Derriere le jardin des
Capucins, on voit des reftes d'un amphithéâtre qui a été affez fpacieux, fes
ruines font refferrées dans un fort
petit efpace, & fervent de cloture au
jardin des Révérends Peres. On a
un vrai plaifir à fe reporter dans ces
anciens tems, & à lire dans les vefti-
ges qui nous en reftent, bien plus
furement qu'on ne peut le faire dans
les hiftoires, le deftin, la fortune,
les alliances, les amitiés ou animo-
fités particulieres qui ont fubfifté
entre les Monarques & leurs peuples.
Le préjugé ou la venalité peuvent
avoir dicté ce que nous lifons, mais
ce qu'on voit dans ce genre n'eft
point fujet à erreur, & ne peut être
contefté. Lorfque les reftes de l'antiquité fe rapportent avec l'hiftoire,

ils la confirment, & lui donnent un degré d'autenticité supérieur à toute autre preuve ; s'ils la contredisent, c'est une marque de fausseté dans l'histoire, qu'il faut alors abandonner.

Permettez-moi quelques réflexions, je dirois volontiers, recherches ; appellez-les rêveries si vous voulez. Ce que j'ai vu de Rimini m'apprend que cette Ville étoit favorisée d'Auguste, & que les habitans en furent reconnoissans. Aulieu de l'animosité & de la haine, qui, quoique cachée, se laisse entrevoir dans les histoires de certains peuples & de certain Rois, on voit ici une harmonie & une affection reciproques, qui contribuent plus que toute autre chose au bonheur & à la prospérité des deux. Le pont que l'Empereur bâtit pour cette Ville, ouvrage si couteux & si noblement fini, annonce qu'il avoit pour ce peuple une amitié particuliere. L'arc de triomphe dont on voit encore les restes dans la porte de cette Ville, qui conduit à Pefaro, est un monument de la reconnoiſſance de ces habitans, ainſi que de leur amour & de leur reſpect pour le Souverain qui les avoit diſtingués par des faveurs ſi ſingulieres. Le pont n'eſt pas le ſeul témoignage de l'amitié du Prince, ni l'arc, le ſeul monument du reſpect que le peuple lui portoit. La conduite particuliere qu'Auguſte tint en pouſſant la voie Flaminienne juſqu'à cette Ville, eſt encore une preuve pour le Prince, & il y en a ſans nombre du côté du peuple.

Voilà donc le fait établi par des monumens à l'abri de toute critique, & par des inſcriptions parfaites ; voyons s'il quadre avec l'hiſtoire. Ceux qui ont écrit les annales de cet Empereur, & qui ont parlé de cette Ville & de ſon état dans les tems les plus reculés, ne s'attendoient pas qu'après deux mille ans on dût les comparer ainſi, & juger des uns par les autres. Il eſt vrai qu'ils confirment le fait. Ce n'eſt pas qu'ils puiſſent donner de la force à un témoignage ſi clair & ſi certain ; mais on eſt bien aiſe de les voir réunis pour juſtifier ſon opinion : le degré de force qui naît de leur réunion est grand, quoique celle qui en résulte dans le cas particulier, soit peu de chose.

Caton fait remonter l'origine de Rimini au tems de l'Hercule Thebain. Tite-Live s'accorde en cela avec Caton, & dit qu'elle fut faite Colonie Romaine dès le consulat d'Appius Claudius & P. Sempronius, trois siécles avant Jesus-Christ. Les historiens qui rapportent les événemens de la guerre de Carthage, déclarent que Rimini demeura fermement attachée au Sénat dans tout le cours de cette périlleuse circonstance, & même qu'elle eut assez de fermeté & de résolution pour lui envoyer des secours dans un tems où les succès d'Hannibal à Trebie & à Thrasimene avoient jetté la terreur dans tous les pays voisins. Un peuple qui a été si fidéle dès les commencemens, méritoit de la part d'un Empereur aussi grand connoisseur qu'Auguste, une protection plus puissante que toutes les intrigues des courtisans n'auroient pu lui en acquérir. Il sça-

voit que les vertus paſſent avec les
autres héritages aux enfans des gens
braves & fidéles ; il les a jugés tels,
& ne s'eſt point trompé : par-tout où
eſt le vrai mérite, on rencontre la
reconnoiſſance. Les vertus qu'Auguſte récompenſoit, brillerent avec
un nouveau luſtre ſous ſes auſpices ;
& leur gratitude immortaliſa ſes
bontés autant que les ſentimens de
ceux qui en laiſſerent des preuves ſi
authentiques.

Je ne ſçais de quel œil vous lirez
cette ſuite de réflexions, j'en apperçois la liaiſon ; & c'eſt dans cette in-
tention que j'étudie l'antiquité. Je
penſe que ce ſeroit bien peu de choſe & un plaiſir d'enfant que de viſiter un fragment de colomne, un pan
de vieux mur, uniquement pour
voir un ouvrage de ces tems. Mais
quand on le fait pour confirmer quelque ancienne opinion ou pour en former une nouvelle, je crois que c'eſt
donner à ce genre d'étude un motif
bien plus utile & plus raiſonnable.

Je ne dois pas terminer cette lettre ſans vous obſerver que la mer

femble s'être éloignée de ces Villes auffi bien que leurs habitans. La mer Adriatique ne paroît pas plus curieufe d'avoir le Pape pour Souverain que fes autres fujets. Vous vous rappellez la fituation de Ravenne, je vous ai dit que c'étoit autrefois un beau port de mer, & que la mer en eft actuellement à trois ou quatre milles; il en eft de même précifément à Rimini. On y voit les reftes d'un port & des fragmens d'une tour qui étoit autrefois un Phare. La mer en eft à un demi mille, & on trouve maintenant des choux & des broccolis dans un terrein qui a été jadis couvert par les flots. La terre que les eaux ont apportée ici, comme à Ravenne, eft très-riche, & plus propre au jardinage qu'aucune autre des environs, quoique le terrein y foit plus fertile qu'il ne l'eft communément de ce côté des Alpes.

Il y a dans le milieu du marché un piédeftal de marbre, avec une infcription, qui dit que ce fut fur cette pierre que Céfar harangua fon armée après le paffage du Rubicon. Il reffemble

femble affez à un piedeftal Corinthien; mais on n'a pas toute la certitude poffible de ce qu'on voudroit nous
faire croire. Il eft certain qu'Augufte
alla à Rimini à-peu-près dans le tems
qu'on fuppofe qu'il fit cette harangue;
& on lit dans fes Commentaires ,
qu'il fit à Ravenne un difcours à fon
armée ; mais il fe contente de dire
qu'il s'arrêta à Rimini pour y faire
quelques nouvelles levées, & pour
raffembler quelques-unes de fes lé-
gions au fortir de leurs quartiers
d'hyver. Il n'eft pas impoffible qu'il
ait fait une harangue à cette occafion ; Celfe dit qu'il en fit une ; il
ajoute que dans fon enfance on montroit dans le marché une pierre, fur
laquelle on prétendoit qu'il avoit
monté pour haranguer. Le fait n'eft
pas d'une grande importance, mais
s'il l'étoit, cette preuve ne me pa-
roîtroit pas bien concluante.

Je ne dois pas finir ce que j'ai à
vous dire de Rimini , fans vous parler du gril de S. Antoine. On fait
voir dans l'Eglife de S. François la
cellule de S. Antoine. Le gril étoit

par terre, & le bon homme avoit
coutume de s'étendre dessus pour ne
pas se laisser aller au sommeil en faisant la méditation.

LETTRE LXIV.

J'Ai été voir la plus petite de toutes les Républiques. J'ai apperçu
à quelque distance, quoique non sans
peine, sur le sommet d'une montagne
fort haute, une Ville, dont les maisons
& les plus grands édifices, paroissoient plutôt une vision de Féerie,
qu'une Ville réelle. Venise, à mesure
qu'on en approche, semble sortir de la
mer; au contraire S. Marin semble
bâtie au milieu des nuages. Il est
assez commun ici de voir des montagnes dont le sommet est plus haut
que les nuages dans leur élévation
ordinaire. Telle est celle sur laquelle
S. Marin est bâtie. Toute la Ville
est située sur la partie, qui en général
est ainsi environnée. Je n'ai jamais vu
un coup d'œil si singulier. On ne
pouvoit disconvenir que ce ne fût une

Ville. Le tems étoit fort clair quand nous en approchames, autrement je suis sur qu'à cette distance nous n'aurions rien apperçu du tout. Une autre singularité de ces hautes élévations, c'est que la neige s'y conserve. La saison étoit chaude, & le pays bien découvert dans le bas ; mais nous retrouvames l'hyver à S. Marin. La neige étoit tout autour de la Ville.

On y a l'avantage de posséder de bons celliers, & peut-être les plus frais qui soient au monde ; & la nature semble en quelque sorte avoir pourvu les habitans contre le froid de ce climat, en produisant de bons vins pour les y serrer. Les côtés des montagnes font une terre très - favorable pour la culture des vignes, & le vin y est excellent. Mais si la nature a donné du vin aux habitans, elle leur a laissé le soin de se pourvoir d'eau ; car il n'y a dans tout le pays, ni source, ni lac, ni étang. N'est-ce pas leur enseigner de boire d'une liqueur plus commode pour un pays si froid ? Mais quand tous les hommes écouteront-ils les conseils de la nature &

M ij

de la raison? ils se donnent des peines infinies pour conserver l'eau des
pluies & des fontes de neiges ; & ils
en ont de cette sorte une quantité
suffisante , mais qui n'est pas bonne.

Vous m'avez entendu dire que
S. Marin est la plus petite République
du monde. Vous en conviendrez sans
doute avec moi , quand je vous aurai
dit que cette montagne & trois ou
quatre collines qui sont au pied , com-
posent tout son territoire. Quand ils
sont en humeur de se vanter , comme
font d'ordinaire les Italiens, lorsqu'ils
parlent de la puissance & des richesses de leur pays, ils vous disent qu'on
compte dans les domaines de leur
République jusqu'à quatre mille quatre cens habitans : mais c'est un conte ; il n'est pas possible qu'il y en ait
tant.

Rome n'étoit pas plus considérable
autrefois ; mais S. Marin ne sera jamais plus grand. Voyez de quelle
conséquence il est d'être né sous une
étoile favorable ou contraire. Peut-
être y en a t-il une meilleure raison. La
probité est le vrai moyen de mourir

de faim ; le vol & le meurtre condui-
sent bientôt à l'importance. Rome
a tiré son origine d'une troupe de
bandits, de soldats, de voleurs & de
ravisseurs. C'étoient des gens déter-
minés, capables de tout entreprendre; & ils n'eurent d'autre recours qu'à
la violence & à la rapine pour s'é-
tablir. Ils suivirent les principes dans
lesquels il s'étoient élevés, & for-
merent un peuple de soldats. Quand
ils en eurent assez pour satisfaire à
la necessité, ils commencerent à être
affamés de gloire ; & ne se repose-
rent jamais tant qu'il y eut dans le
monde quelque chose, dont un autre
peuple pouvoit se dire proprietaire.
La Religion est le plus grand obstacle
du monde pour s'élever ; il se passa
bien du tems avant que Rome en
fut troublée ; & quand ils en eurent
embrassé une, ils ne lui permirent jamais de se mêler des objets nobles de
leur ambition. La Religion au contraire fut le fondement de la petite
République de S. Marin ; & comme
le peuple paroît encore, ainsi que
les anciens Romains, avoir hérité

de l'esprit de ses peres, il n'augmentera jamais les limites de son territoire.

Le Fondateur de cette République, qui est maintenant élevé au rang de Saint, n'étoit pendant sa vie qu'un pauvre tailleur de pierres. Il se retira sur cette montagne sur la fin de ses jours, & y mena la vie d'un Hermite. Un jour, vous dit-on, le saint se promenant sur le côté de la montagne, vit un pauvre Vigneron roulant une grosse pierre qui s'étoit détachée d'un rocher, pour boucher une trouée de son enclos. Le vénérable pere le voyant ainsi travailler avec peine, en eut compassion. Mon fils, lui dit-il, consolez-vous ; bientôt vous serez délivré de toutes ces peines. Par hazard ce pauvre homme étoit dans l'habitude de souffrir de la colique ; on ne peut pas bien sçavoir maintenant, s'il ne venoit pas d'être délivré d'un accès ou de quelqu'autre accident ; *nec scire fas est omnia* ; mais recevant de la consolation de la part d'un homme si vénérable, il y plaça toute sa, confiance. Le pere avoit la réputation d'un saint personnage ; il avoit prétendu dire seulement que la mort le délivreroit un jour d'une vie si pénible ; mais le bon homme à qui l'habitude avoit rendu cette vie familiere, & qui n'auroit pas souhaité d'en être délivré à pareil prix, s'imagina qu'il parloit de sa maladie. Soit que la nature ou la foi ait opéré sa guérison, elle fut consommée à l'instant. Cet homme courut chercher ses compagnons au bas de la montagne ; il leur dit que le saint homme avoit connu sa maladie, sans qui lui en eût dit un mot, & qu'il l'avoit guéri en mettant ses mains en croix sur lui. On crut le miracle, & on le divulgua par-tout. Il est assez vraisemblable que le paysan eut ses accès comme de coutume, mais ils vinrent trop tard ; la réputation du Saint étoit faite ; & on auroit attribué à ses péchés le retour de sa maladie.

Cette Histoire fit un bruit considérable. Le peuple s'assembla autour de l'Hermite qui avoit le don des miracles ; & la Princesse du pays, voulant montrer son zèle pour la gloire de sa religion, lui donna en propre la montagne sur laquelle il avoit opéré le miracle. Le peuple qui l'accompagna depuis, y bâtit une ville ; & elle resta toujours dans le même état, qu'ils la laisserent comme un monument de leur piété ; mais jamais elle ne deviendra plus grosse. Il n'est pas facile de vous exprimer la vénération que le peuple rend au saint, & qu'il exige même des étrangers ; il attribue la durée de la République à sa protection. A peine donne-t-on à la Vierge Marie une place au-dessus de lui en paradis ; à l'égard des autres saints, il n'y a point de difficulté : S. Marin a la préférence sur eux tous. Leur Eglise principale lui est dédiée, & ses reliques y sont enterrées. Ils ont mis sur le grand Autel sa statue à laquelle ils rendent des honneurs presque divins. Il est passé chez eux comme une loi, que quiconque parle peu respectueusement du saint, est un blasphémateur ; & on le punit comme tel.

Les habitans de S. Marin racontent avec une espece d'orgueil, les revers de fortune qu'ont essuyés les autres Etats d'Italie ; & tandis qu'ils vous disent quand & comment ils ont passé à différents maîtres, ils ajoutent d'un air triomphant, que S. Marin est resté inébranlable pendant tous ces changemens & ces secousses de la fortune ; & qu'il a été préservé par la piété de ses habitans, & surtout par le pouvoir de son protecteur & son fondateur. Mon ami a pensé tomber dans un grand embarras à cette occasion. C'est le plus honnête homme du monde & le plus franc ; mais il apprendra à avoir de la prudence. Il dit qu'après cette aventure & l'affaire de la femme du forgeron dont je vous ai parlé, on doit avouer qu'on gagne de l'expérience en voyant le monde. Un bon homme qui nous montroit l'image du saint, parloit avec enthousiasme de la conservation miraculeuse de leur République, tandis que tous les Etats voisins avoient été détruits & ruinés. Mon ami prit brusquement la paro-

M v

le, & arrêta le torrent de son zèle, en lui demandant s'il ne pouvoit pas y en avoir une autre raison. Je me ressouviens, dit-il, d'une vieille femme du pays où je suis né, qui dans un tems où une troupe de vagabons courant la campagne avoient volé dans le village la volaille, le linge, en un mot tout ce qui pouvoit s'emporter, montra à ses voisines un vieux cotillon rouge qu'elle avoit coutume de mettre secher sur une haye toutes les fois qu'elle le lavoit; & leur dit : Regardez bien, regardez bien vous autres; on vous a volé tous vos draps, vos chemises & votre linge de table; tandis que mon cotillon rouge est resté en sureté depuis quatorze ans. Ce que c'est que de n'être bon à rien ! personne ne l'a jugé digne d'être volé.

L'application étoit trop facile à faire; & la raillerie fut d'autant mieux sentie, qu'elle étoit en quelque sorte bien fondée. Mon ami se trouva donc dans le cas d'avoir parlé peu respectueusement du saint. Le pere trop susceptible ne put souffrir une telle infulte contre la dignité de la République; il lui fut aifé d'expliquer le fait défavorablement. Pour avoir rejetté la fécurité de S. Marin fur fon peu d'importance, on le taxa d'avoir ôté l'honneur de la protéger au faint à qui on l'avoit attribué de tout tems. J'avois vû une partie de cette parade, & j'avois tant entendu parler de pareilles abfurdités que quand je fçus la chofe, je la pris très-férieufement. Par bonheur cette conduite fut regardée comme une marque de dévotion, & ce n'eft qu'à la piété & à la fainteté de fon compagnon, que mon ami fut redevable de ce qu'on lui permit de fe racheter de la punition fevere qu'il avoit méritée par cette efpéce de blafphême.

Mon ami avoit tort de n'attribuer la fûreté de cette République qu'à fon peu de confidération. Pour ne rien dire de la protection qu'elle croit recevoir du faint maçon, on en peut rapporter une autre caufe, qui eft très-forte. Je vous ai déja dit que la ville eft fur le fommet d'une mon-

M vj

tagne fort haute : ce n'eſt pas tout ; elle eſt eſcarpée & fort roide, & il n'y a qu'un chemin fort étroit pour y aborder. Les habitans fondent leur véritable ſûreté ſur cette circonſtance, quoiqu'ils l'attribuent à une autre cauſe. Ils ſont même ſi ſoigneux de tenir les choſes en cet état, qu'ils ont fait une loi très - ſevere contre tout citoyen qui s'aviſeroit de venir à la ville par un autre chemin, de peur qu'inſenſiblement il ne ſe pratique une autre route ſur quelqu'autre côté de la montagne. Dans une terre d'eſclavage, la liberté eſt chere à ceux qui en jouiſſent ; le peuple de S. Marin, qui en connoît les douceurs, eſt prêt à tout faire pour la conſerver. Le moyen de les aller forcer dans une pareille retraite, quand on ne peut y arriver que par un ſeul endroit ? D'ailleurs ils ſont ſoldats dès leur enfance. Tous ceux qui ſont en âge de porter les armes, ſont exercés & prêts à marcher au premier ordre. Ils ſe ſont diſtingués d'une façon ſinguliere dans les guerres où ils ont été obligés de prendre parti en qualité de troupes auxiliaires. Ils ont soutenu le Pape Pie II, contre un des Seigneurs de Rimini ; & ce Pontife a reconnu devoir principalement ses succès à leur bravoure : aussi les a-t-il recompensés noblement. Ils ne paroissent pas ambitieux d'étendre leur territoire, & ils ont raison ; en voulant l'aggrandir, ils pourroient le perdre. Il étoit autrefois un peu plus vaste, & alloit jusqu'à moitié du chemin d'une montagne voisine ; mais pour le présent il est renfermé dans ses anciennes limites. Ils pourront toujours se conserver dans le même état. Car qui est-ce qui pourroit songer à former une entreprise contre une ville que la nature a rendue presque inaccessible ? & qui est défendue par un peuple résolu & déterminé, qui combat pour sa propre cause, & qui, quand on pourroit le vaincre, n'en vaudroit pas la peine ?

LETTRE LXV.

JE ne vous ai pas écrit de Pesaro; mais je ne me consolerois pas d'avoir négligé cette ville. C'est la plus agréable que j'aye vûe depuis bien long-tems. Elle est située sur la mer Adriatique à l'embouchure d'une riviere grande & rapide. Son terrein est une pente douce, qui commande de tous côtés sur un paysage d'une beauté singuliere. La mer Adriatique est devant elle : ce golphe est, comme vous sçavez, la partie de la mer la plus propre à donner une idée charmante d'un beau paysage de marine. Par derriere & sur les côtés sont de petites montagnes, dont la pente est garnie de vergers, de vignobles, de terres labourables & de pâturages, variés de la maniere la plus heureuse & la plus pittoresque. Le sol y est fertile & mieux cultivé que dans beaucoup d'endroits de l'Italie. Songez que je suis sorti des Etats du Pape; cette ville fait par-

tie du Duché d'Urbin. Les arbres
fruitiers, quoique fort ferrés, pro-
duifent étonnamment. Les raifins y
font gros , & d'un goût excellent
quand ils font mûrs. Les figuiers &
les oliviers s'y trouvent en abondance, & ce font les plus beaux que j'aye
encore vûs.

L'idée d'abondance & de plaifir,
que donne la campagne , répond
fort bien à ce qu'on voit dans la
ville. Elle n'eft pas grande, mais bien
bâtie , remplie de bons édifices , &
fi peuplée , qu'on croiroit être à
Londres ou à Briftol. Ce que c'eft
que de changer de maître ! être fous
la domination du Pape, c'eft être
dans la défolation. On n'eft pas plutôt
arrivé dans un Duché ou une autre
Province , qu'on voit revivre la nature & l'art. Quand je fonge que
l'herbe croît dans les rues de Padoue,
& que les pavés de Pefaro font ufés,
j'ai peine à concevoir que ces deux
villes foient dans le même Royaume & à peu de diftance l'une de
l'autre. Ne foyez pas furpris de
m'entendre dire que les pavés de ces

rues font ufés : elles font pavées de briques poïées de champ, & parconféquent elles reçoivent plutôt l'empreinte des pieds; mais le concours & l'affluence du monde y font tels, qu'ils feroient ufés, quand ils feroient de la pierre la plus dure.

Pefaro eft une ville fort ancienne : Céfar en fait fouvent mention dans fes Commentaires. On convient en général que c'étoit une colonie Romaine, qui fut détruite par Totila, & qu'elle doit fon état préfent en partie à Belifaire, qui, à ce qu'on prétend, fit rebâtir & augmenter confidérablement l'ancien *Pefaurum*. C'étoit un port qui paffoit pour très-commode. Maintenant tout eft changé; l'embouchure de la riviere eft toute comblée de fable. Il y a un pont fur le Foglia, qui joint la Romagne avec le Marquifat d'Ancone. Clement XI y naquit, & lui donna une Cathédrale qui eft affez bien bâtie. Je ne doute pas que Pefaro ne doive fon état floriffant à ce qu'il a été gouverné par fes propres Ducs : mais comme il a paffé depuis environ cent ans au pouvoir du Pape, je suis surpris que cette ville ne se trouve pas dans le même cas que les autres.

On y voit deux ou trois bons tableaux du Guide, de Barroccio & de Paul Veronese. La vocation de S. André à l'Apostolat, qui est de ce dernier, est un excellent morceau. Ce que j'ai vû de remarquable d'ailleurs, est une statue d'Urbain VIII dans le grand marché, & une belle Fontaine dans la grande Place.

Je n'ai plus rien à dire de l'agréable Pesaro. Je vous écris de Fano ou *Fanum fortunæ*, comme les anciens l'appelloient : vous êtes informé sans doute que cette Déesse, favorite des Romains, y avoit un Temple. Asdrubal fut vaincu dans ce pays, & ce fut à cette occasion qu'on bâtit le Temple. Il fut l'ouvrage de la Fortune & la Fortune en reçut les honneurs. Je vous ai parlé d'une fontaine à Pesaro ; il y en a une autre ici qui est très-élégante, & qui fait un ornement de bon goût. Dans ces pays chauds les chutes d'eau font plus que de donner une idée de fraîcheur ; elles refroidiſſent réellement l'air, qui dans le milieu du jour commence à être inſupportable. Auguſte a été, & avec raiſon, le Monarque favori de toute cette partie de l'Italie. On lui a élevé ici un Arc de triomphe , qui quoique dégradé par le tems , eſt encore ſuperbe. On voit ce qu'il étoit dans ſa perfection, ſur une muraille voiſine, où on en a tracé le plan avec toutes ſes inſcriptions. Il ne reſte plus aucuns veſtiges du Temple de la Fortune. Les Romains ont eu des raiſons de le bâtir , lorſqu'ils réuſſirent par haſard dans une action importante ; mais lorſque la ville fut détruite par l'ennemi, la Déeſſe leur a refuſé aſſez clairement ſa protection, & ils ſe trouverent en droit de l'exclure de chez eux. Qui auroit penſé qu'on dût rendre hommage à une Divinité qui abandonnoit ſes adorateurs , ou rebâtir un nouveau Temple à la Fortune, tandis que la Fortune elle-même n'avoit pas jugé à propos de préserver le sien ? Le Guide a laissé quelques tableaux dans la nouvelle Eglise; ils sont petits, mais précieux, quoique non de la plus grande beauté.

LETTRE LXVI.

NOus sommes pressés d'arriver à Rome, autrefois le siége de l'Empire, & maintenant le dépôt des ouvrages des plus grands artistes, & le centre de la curiosité, comme elle l'est de la magnificence. Il n'y a que fort peu de tems que je vous ai écrit de Fano, & maintenant je suis à Ancone. Nous avons passé par Sinigaglia, sans y faire un long séjour. La ville est agréable: elle est située comme Pesaro sur le bord de la mer Adriatique, avec une riviere derriere elle ; mais elle n'a point comme l'autre ces éminences, qui sont par-tout si délicieuses & si belles. Elle est dans une plaine. Tout ce que j'y ai vû de remarquable est un tableau par Ba-

roccio, dans une petite Eglise proche de la place : il repréſente Jeſus-
Chriſt que l'on porte au ſépulchre.

Ancone me plaît beaucoup, maintenant que j'y ſuis : d'un certain é-
loignement, en venant, j'en étois
encore plus charmé. Elle eſt ſituée
ſur un Promontoire, & ſe préſente
fort avantageuſement. C'eſt la Capitale du Marquiſat de ce nom, bâtie ſur la côte du Golphe de Veniſe.
La ville eſt ancienne : on prétend
qu'elle doit ſon origine aux Syracu-
ſains, qui furent chaſſés par le fameux Denis leur Tyran. Mais ſur
quoi cette conjecture eſt - elle ap-
puyée ? Vous êtes en état de le découvrir bien mieux que moi.

L'Arc de Trajan eſt un édifice noble & majeſtueux, & pour un homme qui penſe comme moi, il fait
plus d'honneur au Prince que tous
les éloges faſtueux. L'inſcription eſt
courte, mais elle doit reſter toujours dans ſon entier ; & elle y ſera
long-tems, car les lettres en ſont
grandes & gravées profondément.
On le fit conſtruire en reconnoiſſan-

ce de ce qu'il avoit, à ses propres
dépens, rendu le port plus commode pour les vaisseaux marchands. Il
y a plus de gloire, à mon avis,
dans une action de cette nature, qu'à
remporter une victoire. A coup sûr,
il avoit un motif moins intéressé,
& c'est la seule action de lui qui ait
ce mérite. L'Arc est magnifique &
noble ; on trouvera difficilement
dans aucun des restes de l'antiquité
autant de majesté, & de simplicité.
Il est fort entier, mais il y a en différens endroits des crevasses, cau-
sées sans doute par des tremble-
mens de terre. Il a été bâti pour durer long-tems ; il a plus de fondations que de hauteur hors de terre.
Il n'y a qu'une seule arcade entre
des colomnes d'ordre Corinthien ;
les Architectes sont sujets à charger
cet ordre de superfluités ; c'est ce
qui rend encore plus remarquable
la belle simplicité de celui-ci ; l'Arc
est composé de bien moins de pierres, qu'on n'en voit d'ordinaire dans
ceux des tems Romains ; & l'entablement en a une légereté & une élé-

gance particuliere. Il paroît qu'originairement il y avoit des feſtons & quelques autres ornemens ; mais les Goths & les Huns n'y ont laiſſé que des trous dans le marbre, qui annoncent qu'il y en avoit. Il eſt compoſé de gros blocs de marbre, ſi bien joints les uns aux autres, qu'on en eſt ſurpris. On eſt embarraſſé de ce que la clef de l'arche a fléchi & s'eſt enfoncée de beaucoup ; mais il ne paroît pas qu'elle ſoit en danger de tomber de ſitôt. Le port eſt ſitué immédiatement au-deſſous de l'Arc, & on a de là un beau coup d'œil de toutes ſes parties. La ville eſt bâtie autour, & elle enferme dans ſon enceinte deux monticules, du moins en partie. Saint Cyriaque, eſpéce de Cap ſur l'une des deux, eſt un très-beau canton. On voit de-là une belle perſpective de la mer & de la campagne voiſine. Clement VII a donné à Ancone une citadelle, qui a été conſtruite ſur l'autre colline. C'étoit un fort beau préſent de la part d'un homme qui l'avoit ſurpriſe, & qui s'en étoit emparé sous prétexte de la défendre contre l'ennemi commun. Il y avoit autrefois un Temple dédié à Venus sur une de ces colines : on n'en apperçoit plus aucuns vestiges.

Quoiqu'Ancone ait quelque chose de bien agréable, elle est inférieure, à beaucoup d'égards, à plusieurs villes moins considérables en Italie. Les rues en sont étroites; il faut toujours monter & descendre, ce qui fait qu'il n'est pas commode d'y marcher. En général les maisons y sont fort peu de chose : la Cathédrale est un édifice sombre, bas & de mauvais goût. Le portail est un massif de bon marbre, une carriere dessus terre. La Maison de Ville est à la vérité un beau bâtiment, & les plafonds en sont bien peints. On trouve dans les Eglises quelques bons tableaux du Guercin, de Baroccio & quelques uns du Titien.

On est plus soigneux ici de la santé que par-tout ailleurs. Les gens préposés pour examiner les étrangers sur cet article, nous demanderent nos certificats , dès qu'ils nous virent entrer dans la ville , & furent si attentifs à leur santé singu-lierement, qu'ils ne voulurent pas y toucher eux-mêmes avec les mains; mais on le leur donna au bout d'un long roseau , & on le parfuma d'encens mâle , avant qu'ils osassent risquer de le lire.

Il y a dans cette ville une étrange liaison entre le commerce & l'infidélité. Ancone s'est toujours fait remarquer de ce côté-là ; mais depuis bien des années son commerce a décliné , jusqu'à ce qu'on y reçut quelques Juifs pour le faire revivre. Ils en sont venus à bout, & continuent de l'enrichir. Mais comment s'arranger avec un tel peuple dans un pays si saint ? voilà la difficulté. Le nombre de familles de cette nation, qui est actuellement à Ancone, monte à plus de mille. On les y laisse vivre en paix, en payant au S. Siege un tribut annuel ; on leur a même permis d'avoir une Synagogue pour exercer leur Religion; mais à condition d'assister tous les

ans

ans, le jour du Vendredi Saint, dans
une des Eglifes Catholiques, où un
Moine d'une voix forte, & employant
les argumens les plus frappans, leur
annonce l'enfer & la damnation, s'ils
ne renoncent à leur religion pour
embraffer le Chriftianifme.

Vous voyez l'état où font par le
dehors nos Eglifes de Londres,
même les plus nouvelles bâties, à
caufe de la faleté de l'air chargé
de fumée ; celles d'Italie font au
moins auffi noires en dedans par la
fumée des lampes, qui y brûlent
fans ceffe. Elles font plus nettes
par dehors : mais je n'ai vu dans
aucun édifice du marbre auffi beau
que dans l'Arc de Trajan, qui eft
dans cette Ville. L'air de la mer
l'a rendu plus blanc qu'il n'étoit en
fortant de la carriere. Il le difpute
à la blancheur de la neige.

LETTRE LXVII.

NOus avons paſſé par des chemins bien déſagréables pour
aller à Lorette. Le pays eſt gras &
fertile; par conféquent la route eſt
mauvaiſe par la nature même du
terrein. Après tout ce que j'avois entendu dire de Lorette, j'ai été ſurpris de trouver la Ville ſi petite. Elle
n'eſt compoſée que d'une ſeule grande
rue en dedans des murs, & une autre
au dehors; la Ville eſt défendue par
une muraille & d'autres fortifications: quoique petite, elle eſt aſſez
jolie. Elle eſt ſituée ſur une hauteur,
& aſſez vivante. Lorette eſt marchande, le commerce qui s'y fait,
quoique ſingulier, produit bien de
l'argent. On y fabrique des Crucifix
& des Roſaires, & on vend les me-
ſures de la longueur de la ſainte
Image. Ces dernieres ſervent à différens uſages; car outre le mérite d'a-
voir touché à l'image de la Vierge,
& celui d'en rappeller perpétuelle-

ment le souvenir, elles obtiennent
toutes (du moins on le dit à ceux
qui les achétent, & ils le croyent) une
vertu médicinale & miraculeuse par
l'attouchement de l'Image. Les marchands qui les vendent, marquent
dessus les mesures particulieres de la
tête & de la ceinture : ils prétendent
que la premiere partie guérit infail-
liblement les douleurs de tête, &
que l'autre liée autour des reins,
procure aux femmes grosses une heureuse & prompte délivrance. La
pierre d'Aigle n'a jamais eu tant de
vertus, & on n'en a pas si justement
fait l'éloge. Sixte V qui a fait de
Lorette une ville, a sa statue en
bronze devant la Cathédrale ; c'est
un bon morceau de sculpture moderne : il y a aussi dans la grande
place une fontaine de marbre très-
élégante , enrichie de statues de
bronze.

Mais tout cela n'est rien ; le grand
objet de curiosité & de vénération
à Lorette, est la sainte Maison, *la
santa Casa.* Elle fut apportée toute
entiere de Nazareth à l'endroit où

elle eſt actuellement, par le miniſ-
tère des Anges ; & les différens endroits où elle ſe repoſa en chemin,
ſont révérés par des honneurs particuliers. Une lumiere plus brillante
que le jour, & ſemblable à celle qui
environna S. Paul & ſes ſoldats lors
de ſa converſion, l'accompagna pendant tout le voyage ; & les arbres
d'un bois ſous l'ombre deſquels elle
fut dépoſée, lui rendirent tous hommage en courbant leur ſommet.
Voila ce que nous apprend, avec le
plus grand détail, un petit livre
compoſé par une perſonne pieuſe,
qui le préſente à tous ceux qui arri-
vent. Tous les Catholiques Romains,
Italiens & étrangers, le croyent fermement.

Après ce long, pénible & miraculeux voyage, la ſainte Maiſon s'eſt
enfin arrêtée ici ; où le zèle, la piété
& autres bonnes intentions des gens
attachés au S. Siége, a bâti une
Egliſe autour d'elle, tant pour ſa ſu-
reté que pour la révérer. Il y a encore dans l'Egliſe une autre couverture pour la ſainte Maiſon : elle eſt

de marbre blanc. On avoit réfolu, dit on, de la joindre à la furface extérieure des murs du bâtiment ; mais les matériaux fe font écartés d'eux-mêmes : & quoiqu'on en ait mis fouvent les fondations tout proches, les pierres fe font toujours placées d'elles-mêmes à un pied de diftance, par refpect pour les murs facrés. C'eft un miracle fubfiftant, & perfonne ne doute du fait.

Les Prêtres avoient des raifons pour vouloir mettre une couverture extérieure fur les murs ; mais pourquoi n'ont-ils pas exécuté ce deffein ? c'eft ce qui n'eft pas fi facile à dire maintenant. La diftance refpectueufe à laquelle font obligés de fe tenir les gens qui en approchent, répond à tout apparemment. On a affez d'affurance pour dire aux gens qui vont la vifiter, qu'elle eft bâtie d'une pierre très-commune à Nazareth ; mais qu'on ne trouve nulle part en Italie. Ce difcours fert à confirmer le miraculeux de fon tranfport : mais j'ai eu la curiofité de me gliffer entre les murailles ; & j'ai trouvé

qu'elles font principalement de briques. Ce font des briques plattes
d'une forme irréguliere, avec quelques morceaux d'une pierre blan-
châtre employés çà & là avec elles.
L'éloignement miraculeux des pierres qui compofent le mur extérieur,
a laiffé un efpace d'un pied pour
faire cette découverte : mais on ne
permet pas fouvent aux étrangers de
pouffer leur curiofité fi loin.

Le faint édifice eft d'une figure
oblongue, dont la longueur égale
environ deux fois la largeur. Elle eft
placée de l'Eft à l'Oueft, & en dedans peut avoir environ trente
pieds de longueur & pas tout-à-fait la
moitié de cette largeur ; les murs de
côté étant un peu plus épais que
ceux des extrémités. Il y a vers une
des extrémités environ la quatriéme
partie de fa longueur qui eft féparée
du refte par une grille de fer : c'eft
ce qu'on appelle le Sanctuaire, où
eft la fainte Image. L'autre partie,
qui eft le corps de la maifon, a un
Autel à chaque bout, & au côté Occi-
dental une fenêtre qu'on fait voir

avec beaucoup de vénération, & par où on assure que l'Ange entra lors de l'Annonciation.

Les murs de cette partie de la maison ont été laissés à nud dans quelques endroits, afin qu'on en puisse voir les véritables matériaux; mais ils sont fréquemment enduits de plâtre, sur lequel on trouve des Madonnes peintes. Elles sont fort mal faites, à dessein de pouvoir fortifier dans l'idée qu'elles ont été peintes en Nazareth. Il n'en est pas de même de la partie intérieure ou sanctuaire : les murs y sont revêtus de lames d'argent : ils sont encore tapissés de richesses de ce métal précieux, qui sont des vœux offerts par les personnes délivrées miraculeusement. Il n'y a qu'une chose qui soit encore plus forte, c'est le trésor. Il est inconcevable combien on a accumulé dans cet endroit de richesses, depuis quatre cens ans.

Il paroît bien surprenant que, malgré tant de dépenses, on n'ait pas pu y mettre un peu de décence. La figure de la sainte Image n'est pas belle : son visage a quelque chose de plus que déplaisant ; il choque la vûe. Son teint est mort, jaune, désagréable ; & on ne peut s'empêcher d'être de mauvaise humeur, en voyant autour d'une statue aussi laide, une telle profusion de diamans & de bijoux. Pour vous donner quelque idée de cette maison pompeuse, imaginez-vous, mon cher, que l'Image est debout dans une niche d'argent, immédiatement sur la cheminée, la même qui servoit à la Vierge Marie pendant sa vie. Elle a environ quatre pieds de haut & tient l'enfant Jesus dans ses bras ; mais cette petite figure est, pour ainsi dire, enterrée derriere un globe qui est dans sa main gauche. La droite est étendue dans l'attitude de donner sa bénédiction. L'Image est de bois ; on prétend que c'est de cedre du Liban & qu'elle a été sculptée par S. Luc ; cet Evangéliste, si on en croit les histoires qu'on en raconte en différens lieux, a été Médecin, Peintre & Sculpteur. Elle a le teint, comme je l'ai déja dit, d'une mulâtre, & plus désagréa-

ble encore, s'il se peut. Ses habil-
lemens sont riches au-delà de ce
qu'on peut imaginer ; on lui en
change souvent ; elle en a de plusieurs sortes, qu'elle porte les jours
de ses Fêtes ; mais un des plus magnifiques est celui dont on la décore
en mémoire de la translation de la
sainte Maison de Nazareth à Lorette.

L'éclat des lumieres, dans tous
les coins de cette maison, sert à faire
briller ses richesses d'une façon toute
singuliere. Les lampes y sont innombrables ; il y en a soixante-deux d'or
& d'argent du plus haut prix, &
quelques-unes entr'autres d'un travail
exquis, toutes placées autour de la
sainte Image. On voit aussi des Anges d'or massif auprès d'elle ; l'un
d'eux tient dans sa main un cœur
d'or couvert de diamans & enrichi
d'une flamme de rubis : cela attire la
curiosité de tout le monde. On dit
que c'est un présent de la Reine
d'Angleterre femme de Jacques II.

On conserve dans une armoire
dans le Sanctuaire, un trésor d'une

autre eſpéce. Ce ſont des vaſes de terre groſſiers & communs, les mêmes, dit-on, dans leſquels la ſainte Famille prenoit ſes repas. Soyez ſûr qu'ils ne manquent pas de faire des miracles. Leur attouchement ſeul guérit les maladies ordinaires ; mais un peu d'eau bue dans ces vaſes chaſſe les plus opiniâtres. On devroit être ſurpris, que dans ces lieux où il y a tant de Saints, tant de faiſeurs de miracles, tant de reliques, tant de puits, de plats, de taſſes, de corps ſaints, dont les moindres ſont en état de guérir les maux les plus dangéreux, les Médecins puſſent vivre, ou les autres hommes puſſent mourir : mais à ce que je vois, les Médecins ſont auſſi riches ici qu'en Angleterre ; & ils envoyent des milliers de malades au tombeau, avec autant de hardieſſe & auſſi peu de remords. Ce qu'il y a encore de plus étrange, les Eccléſiaſtiques meurent comme les autres. Ces gens qui prêchent la foi aux miracles, qui jureroient ſur leur ſalut de la vérité & de la validité des miracles, & qui ont ces précieux remedes en leur pouvoir, ces gens tombent malades & meurent auſſi : peut être ſont-ils lâs d'habiter dans un monde méchant, & ne veulent-ils pas que rien les empêche de paſſer dans un autre meilleur.

La couverture de la Maiſon eſt un bâtiment fort élégant : elle eſt de marbre de Carrara, dont toutes les pierres ſont choiſies : il eſt d'ordre Corinthien, & a au ſommet une belle baluſtrade. Les colomnes ſont placées deux à deux ; & il y a dans les intervalles plus étroits, des niches conſtruites les unes ſur les autres. La rangée ſupérieure eſt occupée par dix Sibilles, & celle de deſſous par autant de Prophétes. Les intervalles plus larges ou ceux qui ſont entre les différentes paires des colomnes, ſont enrichis de beaux bas-reliefs, dont le ſujet eſt l'hiſtoire de la bienheureuſe Vierge ; ils ſont des meilleurs maîtres. Sanſovin en a exécuté quelques-uns dans un gout exquis ; & tous ne le cédent à aucune ſculpture moderne d'Italie.

De chaque côté de la ſainte Maifon il y a deux portes ; au-deſſus de l'une eſt un inſcription latine , qui déclare excommuniés tous ceux qui oſeront y entrer avec des armes. Il y a auſſi des gens chargés de garder les épées de ceux qui entrent : mais les Domeſtiques de la Vierge ne ſont pas ſi polis que ceux du Pape : ils m'ont demandé mon épée brutale-ment en me montrant l'inſcription. Un Gentilhomme préſent alors , & revenu tout récemment de Rome , nous parla des grands ménagemens avec lequel on y fait la même céré-monie. Il n'eſt pas permis de ſe pré-ſenter devant Sa Sainteté en armes non plus que devant la Vierge ; mais l'Officier chargé de faire obſerver cette régle , nous dit-il , admira la poignée de mon épée , comme la plus belle qu'il eût encore vue , & me pria de permettre qu'il la regar-dât , tandis que je ſerois en préſence du Saint Pere. Il me fit le même compliment ſur la pomme de ma canne , en diſant que les Anglois étoient les meilleurs ouvriers du monde , & me demandant permiſſion

de la confiderer auffi, pendant que
je refterois auprès du Pape.

Quand j'eus vû les Images, les
uftenciles d'or maffif, les habits de
la ftatue, la profufion de richeffes
qui eft fur les murailles, & les pierreries de toute efpéce qui brillent
de tous les côtés, toutes les idées
que je m'étois formées de la fomp-
tuofité de cette maifon furent pleine-
ment juftifiées; mais je n'avois encore rien vû, en comparaifon de ce
qui en fait les richeffes réelles. Le
tréfor eft tout près delà; on m'y con-
duifit. Bon Dieu! jamais on n'a vû
une telle profufion de tout ce qu'il y
a de plus précieux. C'eft en vain que
je me flatterois de pouvoir vous décrire un pareil tréfor. Les feuls vê-
temens de l'Image font d'un prix ineftimable. Les bijoux font des pierres
choifies, triées de toutes les mines
de l'Orient; & ils font en fi grand
nombre, qu'il femble qu'on ait dépouillé toutes les Cours du monde
pour fournir les feuls brillans qu'on
y voit. Il n'y a rien de couteux & de
cher qui ne s'y trouve en quantité.

Tout ce qui manque du côté de la
dignité & de l'élégance , dans la
partie où la statue habite , est amplement compensé par l'édifice où
sont déposés ces trésors extraordinai-
res. Il est vaste & noble ; il occupe
l'œil par son étendue & le charme
par son élégance. Il y a à son extrémité supérieure un tableau d'Autel
d'un grand prix ; c'est un crucifiement peint par Pomerancio. Le plafond est aussi de la même main , à
compartimens. Tous les morceaux
en sont extrêmement finis , & les
divisions des compartimens fort élégantes ; elles sont en stuc , bien tra-
vaillées & dorées. On y trouve le
plus fameux tableau que j'aye encore vû ; c'est une Madonne, tenant
Jesus - Christ sur ses genoux, peinte par Raphaël. Ce n'est pas sans
cause que l'on a donné à ce Peintre
le nom de divin. On ne peut pas
détailler ce qui affecte si puissam-
ment dans ce tableau ; mais son ensemble inspire autant de vénération
& de respect que d'admiration. Je
dirois même encore plus, on perd

l'idée du Peintre par la puiſſance de l'objet : ce n'eſt plus un tableau, il inſpire les mêmes ſentimens que feroit la réalité. Il y a dans le viſage de la Vierge quelque choſe de plus que mortel. L'enfant Jeſus même, quoique dans l'attitude innocente de laiſſer aller ſes jambes & ſes bras, & que ſa face ait l'air de ne penſer à rien, annonce la Divinité dans chaque partie de ſon corps. Son regard eſt plus doux que celui d'une face humaine, & cependant avec les graces il a quelque choſe qui imprime une ſainte terreur. Il n'eſt pas beſoin de vous dire que le tableau eſt d'une divinité jeune. Quand on conſidereroit l'enfant ſeul & hors du tableau, on le reconnoîtroit pour le Sauveur du monde, ſans autre ornement ni autre attribut que la ſeule expreſſion de ſon viſage. Il y a quelque choſe de plus qu'humain dans l'expreſſion du pinceau de ce Peintre. On dit que les plus grands talens dans les différentes ſciences ne s'acquierent pas, & que ce ſont des préſens du Ciel : ce tableau ſuffiroit, pour le faire croire, quoique je vous aye vû traiter cette prétention d'hyperbole outrée. Je me rappelle que Longin dit de l'éloquence de Démosthene, que c'étoit l'assemblage des talens qu'il avoit reçus immédiatement des Dieux : j'ai cru cette expression vraie en lisant ce fameux Orateur Grec ; & je suis persuadé de la même assistance supérieure en regardant ce tableau. Je ne sçais pas bien distinguer entre des termes, qui n'ont pas un sens déterminé : peut-être est-ce l'effet du génie, & que ce que j'appelle inspiration, n'est rien de plus qu'une qualité, à laquelle bien des gens prétendent, & qui n'est possedée que par deux ou trois personnes en mille ans. Vous l'accorderez à Phidias, à Zeuxis, à Raphaël, à Homere, à Milton, à Shakespear : après tout, que direz-vous des autres Peintres ou Poëtes, qui prétendent le posseder ? Vous lui donnerez un nom différent, selon les gens qui en sont différemment affectés. Je n'en veux pas davantage: c'est là précisément ce que j'entendois par cette diſtinction. Si les uns ont été Poëtes, Homere étoit quelque choſe de plus : ſi les autres ont été Peintres, Raphaël eſt quelque autre choſe. Il y a autant de différence entre les productions des uns & des autres de la même claſſe, qu'entre l'image de marbre du Statuaire & la forme vivante animée par la main du Créateur.

On ne trouve dans ce tableau de Raphaël aucune de ces imperfections qui obſcurciſſent un peu les ouvrages des autres maîtres. Son goût eſt pur & parfait; ſon deſſein, tout à la fois, noble au ſuprême degré & exact juſqu'au ſcrupule. Je ne puis regarder ce morceau inimitable, & ſuppoſer qu'aucun de ces noms immortaliſés, qui ſont cités avec tant d'éloges dans les Auteurs de l'antiquité, ayent été ſupérieurs à ce grand homme. Il n'y en a certainement parmi les modernes aucun qui lui ſoit comparable, quelques qualités qu'on puiſſe lui donner. La diſpoſition de ce tableau a tant de dignité, de grace & d'aiſance, que rien n'en approche. L'œil en eſt rempli auſſi bien que charmé. Il y a dans la draperie de la Vierge une modeſtie noble, & je ne ſçais quelle aiſance & quelle ſoupleſſe dans l'attitude de la tête, dont on eſt émerveillé.

On nous a montré un bijou du plus grand prix, qui a été donné par la femme du Felt Maréchal Zumjungen, qui en fit une offrande à la Vierge, pour obtenir la converſion de ſon mari, qui cependant eſt mort dans ſon infidélité. Sans doute la bonne Dame étoit dans la bonne foi; mais il eſt aiſé d'appercevoir de la grimace dans beaucoup d'autres exemples. Quelqu'un a-t-il jamais été plus ennemi de l'enthouſiaſme que le grand Prince de Condé. Je crois que dans le fond de ſon cœur, il ſçavoit bien à quoi s'en tenir au ſujet de la ſainte Maiſon de Lorette; cependant on nous a montré un modéle du Château de Vincennes en argent, dont ce Prince y fit préſent lorſqu'il en ſortit de priſon.

LETTRE LXVIII.

Gregoire XII, qui fut déposé du Pontificat dans le Concile de Conſtance, eſt enterré dans la petite ville de Recanati. Nous avons vû ſon tombeau dans la grande Egliſe où il figure aſſez bien. On voit dans la ville quelques tableaux & beaucoup de dorures, & ſur la Maiſon de Ville un monument ſuperbe de bronze, dédié à Notre-Dame de Lorette. Il eſt d'une grandeur conſidérable, & on voit au-deſſus une Madonne, tenant Jeſus dans ſes bras, avec quatre Anges pour ſupports. Cet auguſte monument de la Vierge a été fait, à ce qu'on prétend, en mémoire de ce que la ſainte Maiſon ſe repoſa d'abord dans le territoire de cette ville, quand elle fut tranſportée de Dalmatie. Recanati eſt aſſez joliment ſituée ; mais le chemin pour y arriver eſt très-mauvais : car on traverſe un pays fertile, entre des colines qui regnent tout le long. Nous n'avons pas vû beaucoup de chofes dignes d'obfervation à Macérata & à Tolentin. J'ai traverfé ces villes plutôt que je ne les ai vûes ; & je fuis à prefent à Foligno. Il y a quelque chofe de fingulier & de beau dans les Apennins ; mais la traverfée en eft ennuyeufe & pénible, au-delà de toute defcription. J'ai appris par là combien les chofes nous paroiffent différentes , felon que nous fommes bien ou mal difpofés. Lorfque je montai fur ces montagnes, pour la premiere fois , tout m'y plaifoit , les rochers efcarpés & jufqu'aux précipices horribles , me fembloient avoir quelque chofe d'agréable ; & les payfages , qui de toutes parts y font fans difficulté les plus beaux & les plus vaftes qu'il y ait au monde, me charmoient. C'étoit avec une fatisfaction infinie , que je portois ma vûe depuis les murs de rochers à ma droite , jufque dans les vallées fleuries , qui étoient fur la gauche ; & il me fembloit que le fpectacle tranquille du bas tiroit de nouveaux charmes des précipices du haut. Ce

plaisir ne dura qu'une ou deux heures. Quand les charmes de la nou-
veauté furent passés, je jettai un œil
d'envie sur les vallées, tout en grim-
pant sur des hauteurs horribles, &
au lieu de regarder les précipices
avec plaisir, j'étois effrayé du danger d'y tomber. Il y a en effet quelque chose de singulierement affreux
dans la route qu'il faut faire autour
d'une partie de ces montagnes ; nous
passâmes le long d'un grand chemin de dix pieds de largeur au plus,
où on ne voyoit qu'un mur escar-
pé de cailloux d'un côté, & de l'autre un précipice en ligne perpendi-
culaire & de plus d'un mille de profondeur. J'aurois souhaité d'être à
pied ferme sur la terrasse de Wind-
sor ; & je maudissois en moi-même
les Papes de n'avoir pas fait construire
un parapet le long des bords de ce
chemin hideux : car il n'y a rien pour
se retenir. Un faux pas d'une mulle
suffit pour vous précipiter dans la
vallée ; & surement l'homme & la
monture seroient en marmelade
avant que d'arriver au bas.

Je me suis trouvé bien satisfait en arrivant ici, d'avoir échappé à un danger, que les gens accoutumés à ce pays ne regardent pas comme tel, mais qui, pour tout autre, est le spectacle le plus horrible à imaginer. Je ne sçais si ce contraste ajoute de nouveaux charmes à Foligno; cette Ville me paroît la plus agréable que j'aye encore vûe. Bien des Villes d'Italie sont délicieusement situées; mais celle ci plus que toute autre. Le pays d'alentour n'a point l'air de campagne; c'est une vallée très-vaste, parfaitement unie, bien arrosée, & tellement disposée, que la Ville semble bâtie au milieu d'un grand jardin. Les plantations y sont aussi régulieres que dans le plus bel enclos; & les montagnes qui l'environnent de tous les côtés, ressemblent à une haute muraille. On ne peut rien imaginer de plus agréable: on y rencontre tous les avantages d'un jardin, avec la varieté & les charmes d'un paysage. D'ailleurs son étendue lui donne un air de grandeur que ne peut jamais avoir une plantation particuliere.

Vous ne ferez pas furpris qu'il y ait eu de tout tems une Ville dans une fituation fi douce & fi charmante. Le Foligno actuel eft bâti fur les ruines du *Florum Flaminii* des anciens Romains. On ne peut pas découvrir maintenant à qui il doit fes commencemens. L'Hiftoire ne fait mention d'aucun tems où il n'ait pas exifté.

J'ai vifité ici un Couvent de Religieufes, appellé la *Comteffe*. Je vous ai dit avec quel raviffement, j'ai vu un tableau de Raphaël dans le tréfor de Lorette ; tout ce que j'en ai dit étoit trop peu. Il y a dans ce Couvent une autre Madonne, qui, à mon avis, lui eft encore fupérieure ; dumoins je trouve quelque chofe de plus noble dans les entours de ce tableau. La Vierge y eft repréfentée au milieu des nuages, dans une attitude élégante & noble au-dela de toute expreffion. Au-deffous du principal perfonnage, d'un côté font S Jean-Baptifte & S. François ; de l'autre, deux perfonnages dont l'un eft quelque faint, & l'autre la perfonne qui a fait faire le tableau : entre eux, mais un peu plus bas, est un petit Ange qui tient un vase dans sa main.

On blame les Peintres de ne sçavoir pas s'arrêter à propos. Rien n'est si commun que de dire que tel ou tel tableau a été gâté à la retouche. Cela n'arrive que quand on finit, à proprement parler, après avoir achevé. Raphael a fini ce morceau au plus haut point ; cependant jamais tableau n'a eu plus de vivacité. Chaque partie est également finie, & il n'y en a pas une qui n'ait conservé tout son feu original. Il a la netteté & l'exactitude parfaite du Dominicain, avec toute l'aisance & la noble dignité de son Auteur. Le coloris est aussi parfait que le dessein. En un mot, je ne sçaurois me persuader qu'il puisse y avoir un plus beau tableau. Il est sur le maître-Autel du Couvent. J'ai été surpris que les gens de la maison connoissent si peu sa valeur inestimable.

LETTRE

LETTRE LXIX.

JE suis actuellement à Spolete. On est tenté de croire que Tite-Live n'a jamais vu cette Ville, lui qui insulte à la mémoire d'Annibal pour en avoir levé le siége. La nature l'a rendue imprenable; elle est située, la plus grande partie, sur un rocher qui est plus qu'inattaquable, car il est inaccessible. En y abordant ou nous a montré un petit Temple, qui sert maintenant de Chapelle, & qui vaut la peine d'être examiné. L'opinion générale est qu'il fut dédié à la Fortune, mais il n'y a aucun reste qui justifie cette conjecture. Une riviere immortalisée par les Poëtes & les Historiens Romains coule tout auprès : les Umbriens rendoient à ce ruisseau une espece de culte religieux; & il est très-probable que ce petit Temple a été consacré au génie de la Fontaine. On attribuoit à ses eaux une espece de vertu miraculeuse : car on vous dit que les bestiaux qui en buvoient, devenoient blancs ; je ne trouve pas qu'à présent les bœufs y soient plus blancs que par-tout ailleurs ; ainsi il faut que l'eau ait perdu sa qualité. J'ai rencontré, en visitant ce Temple, un Médecin Irlandois. Il s'accorde avec moi dans l'opinion, qu'il a été dédié au Dieu de la riviere ; par un surcroît de sçavoir, il soutient la vérité de l'ancienne tradition, sur la couleur blanche que l'eau donnoit au bétail, & l'attribue à ce que la riviere passoit sur quelques couches de matiere sulphureuse ; car il m'a assuré que, quand on en brule dessous des chapeaux de paille, ils deviennent blancs, & qu'une rose rouge exposée à la vapeur du soufre devient aussi de cette couleur. D'où il conclut, qu'il étoit possible que la riviere eût eu la propriété de blanchir les bestiaux : si la même chose n'arrive plus, c'est, dit-il, que sans doute la couche de soufre a été entiérement emportée par le courant de l'eau.

L'édifice, quoique petit, est rempli

d'élégance : toutes les graces de l'ordre Corinthien y sont déployées à propos & dans tout leur jour. De long-tems je n'ai vu un morceau d'architecture qui m'ait fait tant de plaisir.

On montre à Spolete, la porte d'où le Général Carthaginois fut repoussé ; & la mémoire de cet événement est conservée par une inscription. On appelle encore cette porte *Porta di fuga*, Porte de la fuite. Pour moi je trouve que c'eût été un miracle, s'il y fût entré.

Spolete est rempli de monumens de la grandeur des Romains. Elle fut érigée en Colonie Romaine dès le tems qui suivit la défaite des anciens Umbriens. Peu de morceaux antiques égalent la magnificence de l'aqueduc qu'on y voit. A la vérité il n'a qu'une rangée d'arcades ; mais on y trouve toute la simplicité & la dignité Romaine. Vous serez surpris de m'entendre parler ainsi, tandis que plusieurs voyageurs en parlent comme d'un ouvrage gothique. Il faut que ces meneurs d'ours (c'est ainſi qu'on appelle ici les gens qui profitent de l'occaſion d'accompagner des petits maîtres dans leurs voyages, pour dire leur ſentiment ſur ce qu'ils y ont vu) il faut, dis-je, qu'ils aient vu bien peu de choſe, ou qu'ils n'ayent jamais connu la différence du gout gothique avec celui des Romains, pour les avoir confondus dans ce magnifique reſte de l'antiquité.

L'Hiſtoire nous apprend que Théodoric a eu dans ces temps-là un Château, où il fit pendant pluſieurs années ſa principale réſidence, ſur un des rochers voiſins de cet aqueduc. On voit encore un vieux bâtiment de cette eſpece ſur le rocher qui tient à cet antique édifice : mais on ne doit pas ſuppoſer que ce ſoit celui de Théodoric : il fut conſtruit par Narſés avec les ruines d'un amphithéâtre. Celui de Théodoric fut détruit dans la guerre des Goths; & en effet il ne faut avoir qu'un peu de connoiſſance de l'architecture, pour diſtinguer que le Château actuel eſt d'une origine différente.

Il y a dans la Cathédrale un morceau qui m'a surpris infiniment. C'est
un tableau 'd'Autel qui n'est pas
achevé, mais dont le dessein est admirable. Il est de Philippo Lippi
Peintre Florentin, homme d'un génie incomparable, mais de mœurs
infâmes. Il fut banni de sa patrie
pour avoir débauché une Religieuse
du Monastère de Prato, tandis qu'il
y travailloit à peindre la Chapelle.
Il est mort ici en travaillant à ce
tableau, de poison que lui donna
un habitant de la Ville avec la femme de qui il avoit une intrigue. La
Cathédrale est un ancien édifice fort
beau. Le portail est orné de mosaïque sur un fond d'or, & le pavé
enrichi de plusieurs sortes de marbres en pieces de rapport. La Chapelle de la Madonne de S. Luc est
décorée de plusieurs belles statues
de marbre. La Chapelle du Crucifix qui est située un peu hors de la
Ville, étoit originairement un Temple dédié à la Concorde. Les restes
de l'amphithéâtre, dont une partie
des pierres ont servi à bâtir le Châ-

teau qui subsiste sur le rocher, se voyent encore ; & il y a aussi un arc de triomphe très-magnifique. La grandeur de cet arc & de tous les autres monumens est cependant absorbée & perdue en quelque sorte par celle de l'aqueduc. C'est le plus haut qu'il y ait en Europe, & il est fort long. Il joint la montagne de S. François à celle de Spolete.

LETTRE LXX.

JE suis actuellement à Terni. De quelque endroit que je vous écrive, je ne manquerai point d'occasions de satisfaire votre curiosité. Tout se ressent à présent de l'ancienne Rome ; nous voyons à chaque pas des fragmens de colonades de marbre, des bustes brisés, des inscriptions. Tout annonce que Terni étoit autrefois une ville célebre. Le chemin pour y arriver, m'a fourni aussi beaucoup de matiere à observer : il regne le long d'un passage étroit dans les Apennins ; & les montagnes qui se trouvent de côté & d'autre, présentent une scene champêtre très variée. En certains endroits rien n'est si fertile que les campagnes voisines; la riante verdure y surpasse celle des prairies d'Angleterre; & les fleurs de toutes especes forment un coup d'œil singulier pour quiconque n'est pas accoutumé à la campagne, mais presque toujours joli. Dans d autres endroits on ne voit au contraire que des rochers nuds & toute l'horreur des précipices affreux. J'avois de la peine à faire avancer mon compagnon, tant il trouvoit de belles & surprenantes productions, soit du regne minéral, soit du végétable & de l'animal. Son bras étoit chargé de plantes qui auroient trèsbien figuré dans les plus beaux de nos jardins. Il avoit attaché avec des épingles sur le couvercle & le long des côtés d'une grande boëte de carton, qu'il portoit avec lui, quantité d'insectes de diverses formes, tous parfaitement différens de ce que nous avons chez nous dans ce genre. Tout cela n'étoit rien en comparaison de ce qu'il me montroit

O iv

comme des beautés d'une claſſe ſupérieure, méritant encore plus d'égards à cauſe de leur curioſité que pour leur élégance, & qu'il lui étoit impoſſible d'emporter avec lui.

Je paſſai quelque temps, & j'en aurois volontiers employé beaucoup plus à admirer ces choſes : c'étoit des beautés du regne minéral. Les rochers découverts dans bien des endroits, où ils avoient été lavés par les pluies & les chutes d'eau, qui venoient de quelques hauteurs voiſines, montroient un ſpectacle diverſifié par pluſieurs matériaux différens qui s'y trouvoient renfermés. Mon Mentor en extaſe guidoit mes yeux ſur tous ces objets les uns après les autres. Ici il me montroit une feuille de fougere parfaitement pétrifiée, & enterrée dans une maſſe immenſe de pierres, qu'on ne découvroit que par le briſement accidentel de cette maſſe, & qui cependant faiſoit voir toutes les fibres & juſqu'à la dentelure de la plante recente. On en voyoit des morceaux en graine ; & on appercevoit les coſſes rondes qui

contiennent la graine dans la plante
croiſſante, ſous la forme d'autant de
bourſouflures d'une matiere blanche
ſur la pierre. Dans un autre endroit,
il me faiſoit remarquer des blocs de
bois parfaitement pétrifiés, & enterrés auſſi dans la pierre ; & à meſure
que nous avancions, je vis des dents de
brochets & les grandes dents mache-
lieres du plus gros animal terreſtre,
l'Eléphant, plongées de la même façon dans le roc ſolide ; c'étoit encore peu de choſe auprès de ce que
nous vimes en avançant vers la plus
haute partie d'une des montagnes,
où la curioſité avide de mon ami
le conduiſoit ainſi que moi, quoique hors de notre route. Nous y vîmes quantité de coquillages de mer,
d'une variété infinie d'eſpeces, enfoncées ça & là dans le rocher, & ſi
abondantes en certains lieux, qu'elles en formoient abſolument la plus
grande partie. Jamais je n'en ai vu
tant, ni de ſi variées même ſur les
côtes de la mer. Toutes étoient entierement changées en pierres ; mais
elles conſervoient ſi parfaitement

O v.

leurs lineamens, que l'on se seroit imaginé qu'elles étoient molles. Les différentes especes de coquilles en vis, faisoient un beau & surprenant spectacle. On rencontroit très-fréquemment des petoncles depuis la grosseur d'un pois, jusqu'au double du poing d'un homme, remplis de diverses rayures & de lignes transversales. Le nautile sortoit en d'autres endroits comme un vaste globe, & les petoncles auroient fait croire à chacun qu'ils étoient réels. Si les coquilles perdent leurs belles couleurs dans ces endroits, elles conservent tous les autres caractères de leur premier état. Mon ami fit à cette occasion une réflexion qui me surprit & me fit plaisir.

Vous avez lu, me dit-il, que toutes les especes de corail qui sont des productions de la mer, se rencontrent de même sur la terre & ensevelies dans la pierre, à l'exception du corail rouge. Le rouge est aussi commun, & plus durable que les autres : pourquoi donc ne pourroit-il pas subsister comme le reste dans ce changement d'état ? sans doute il le peut. Y a-t-il quelques-uns de ceux qui se plaignent de ne pas trouver du corail rouge, qui ait jamais rencontré un petoncle rouge ? non surement. Il y a bien des sortes de corail blanc branchues, dont le rouge ne peut être distingué que par la couleur ; & il n'y a point à douter que ce végétable ne perde sa couleur aussi bien que ces coquilles ; & qu'ainsi on ne le rencontre souvent , quoiqu'on le prenne pour quelqu'une des autres especes.

Outre la variété infinie de coquillages que j'étois acoutumé de trouver sur les rivages ou dans les cabinets des curieux , & que je reconnoissois aussi dans leur état de pétrification dans ces rochers, je fus surpris d'en voir beaucoup de très - parfaites dans leur forme , & cependant tout-à-fait différentes de toutes celles que j'avois jamais vûes jusqu'alors. Mon ami me dit qu'au lieu d'accuser d'imperfection les cabinets que j'avois visités , il falloit plutôt admirer l'abondance de la nature dans les différentes variétés. Toutes ces coquil-

O vj

les, ajouta-t-il, font des dépouilles
ou des reftes d'efpece de coquillages, qui ont été créés pour jouir de
leur exiftence hors de la portée des
obfervations des hommes. Elle font
habitantes des endroits les plus profonds de l'Ocean, & non des côtes
comme celles que vous reconnoiffez.
Elles n'ont pas la commodité d'être
amenées en lieu où nous puiffions les
confidérer ; mais elles vivent, fe
multiplient, meurent & s'anéantif-
fent à des profondeurs immenfes où
les tempêtes ne troublent point les
eaux ; & même quand elles feroient
à leur portée, les bancs & les précipices, qui féparent ces endroits d'a-
vec les côtes, empêchent abfolument
qu'elles n'y foient amenées. Il n'y
avoit qu'un feul accident qui pût
jamais nous les mettre à la portée de
notre vûe ; & c'eft à lui que nous en
fommes redevables.

A près ce préambule il m'en fit appercevoir, dont j'avois pris les premiers echantillons pour des Petoncles, une infinité, qui en les examinant
de près, étoient réellement d'une

forme irréguliere & tout-à-fait différente, & qu'il appelloit *Conchæ
anomiæ*. Il me montra un grand
nombre de gryphites, coquillages,
qui, quoiqu'en apparence de la claffe
des huitres, étoient pourtant tout autres que celles que je connoiffois. Il
me fit remarquer enfuite des coquilles droites & tortillées de l'efpece
concamerée, dont les unes reffem-
bloient à des cornes, les autres
étoient tournées vers le petit bout en
fpirale ; & toutes quand elles fe trouvoient brifées, formoient des cellules
& des cloifons en-dedans. Enfin il me
montra une multitude prodigieufe de
ce qu'on appelle Cornes d'Ammon,
dont les variétés étoient prefque auffi
infinies que le nombre. Toutes étoient
partagées en-dedans par des cloifons auffi bien que les précédentes,
mais leurs apparences extérieures &
leurs dimenfions fourniffoient une
variété fans fin. Il y en avoit de
toutes les grandeurs, depuis celle
d'une piéce de douze fols jufqu'à
celle d'une petite table. Nous en
mefurames une qui avoit deux pieds

neuf pouces de diametre. Quelques-unes étoient unies, d'autres à côtes, les unes unies sur le dos, d'autres cannelées, d'autres bordées en relief : nous vimes sur quelques-unes des desseins de feuillages, de l'espece la plus surprenante & la plus parfaite.

Ces coquilles nous tinrent d'autant plus de tems à considérer où elles étoient, que, au grand regret de mon compagnon, nous n'avions point d'outils propres à les détacher du rocher. Il en arracha quelques-unes qui ne tenoient pas beaucoup, & les emporta ; c'en étoit assez pour conserver le souvenir de toutes. S'il en eût eu la commodité, je crois qu'il eût emporté la moitié de la montagne, pour l'envoyer à ses amis en Angleterre.

Lorsque nous fumes descendus, je lui demandai l'explication d'un mot qui lui étoit échappé sur la seule circonstance qui pouvoit avoir amené dans ces lieux ces trésors du monde animal, & les avoir logés dans les carrieres. Quand nous fumes arrivés au gîte, il prit la peine de s'expliquer plus au long. Comme dans une autre occafion, il avoit remonté juf-qu'au déluge décrit par Moyfe pour me faire entendre la formation des couches de terre en général, il eut maintenant recours à la même épo-que, pour m'expliquer comment ces reftes d'animaux & de plantes étoient venus dans les lieux où on les voit maintenant; & il pouffa fi adroite-ment fon argument, qu'il me prouva tout à la fois & le placement de ces chofes par cette cataftrophe, & la vérité de ce déluge par la pofi-tion de toutes ces chofes.

Il commença par obferver, que la terre, fuivant la feule hiftoire qui nous refte de ces évenemens fi anciens, a été formée & habitée tant de fiécles avant le déluge, que toutes les efpe-ces des créatures avoient eu le tems de devenir fuffifamment nombreu-fes. Que les eaux qui innonderent alors la terre, furent foulevées & chaffées de fon centre; & qu'elles étoient les mêmes dont le premier fédiment avoit formé la croûte ou la furface actuelle du globe. Nous voyons donc, dit-il, que toute la terre fut couverte à une grande hauteur d'un fluide rempli de particules de pierres & d'autres matieres minérales qui y nageoient. Nous voyons ce fluide former une masse commune d'eau avec celle de la mer ; & nous voyons encore cette masse générale & universelle d'eaux agitée par les vents, & sans aucun rivage pour la contenir. Ceux qui se sont trouvés sur l'Ocean pendant des tempêtes, ne peuvent s'en former qu'une idée imparfaite, en comparant l'état de ce vaste amas d'eau pendant des tempêtes égales, & peut-être encore plus violentes. Le fond des mers les plus profondes fut agité ; & ce qui y étoit contenu, rouloit de côté & d'autre ; tandis que les rochers & tous les lits de matieres dures, furent déracinés par ce mouvement & jettés dans ces abysmes, leurs propres productions plus légeres, les coquillages, & autres restes détruits, ou presque détruits de ses habitans, furent emportés, & roulerent au-dessus de ce qui étoit auparavant, & qui fut encore par la suite de la terre seche.

Ainſi, continua mon Philoſophe,
nous voyons que non-ſeulement les
coquillages des côtes, mais encore
ceux qui habitent naturellement les
mers profondes, furent apportés ſur
la terre. Ceci ſert à expliquer ce que
c'eſt que ces Cornes d'Ammon, &
ces *Conchæ anomiæ* de tant de ſortes : nous devons plutôt être ſurpris
de n'en pas voir davantage que d'en
voir tant.

Les voilà donc roulans & emportés d'un lieu à un autre dans un
fluide épais rempli de particules des
ſubſtances plus groſſieres. Nous les
voyons dans l'état de choſes, qui
néceſſairement doivent être mêlées
avec les maſſes formées par ces particules. Au bout d'un tems les eaux
retournent en partie dans leur propre
place, & en partie ſont évaporées
dans l'Atmoſphere. Mais durant tout
ce tems, elles dépoſent un ſédiment
formé de ces particules pierreuſes
& terreſtres dont elles ſont impré-
gnées. D'abord ce ſédiment eſt une
vaſe molle, mais par dégrés il ſe
durcit & ſe change en pierres. Une

partie se dépose sur des lieux où il y
a déja une multitude de ces coquilles emportées du fond des mers éloignées aussi bien que des côtes. Toutes par conséquent sont reçues dans
le corps du lit de matiere formé
ainsi. Outre cela comme l'eau est
toujours en mouvement, un plus
grand nombre de ces coquilles est
emporté aussi d'un lieu dans un autre; & une autre partie est déposée
sur le lit de matiere nouvellement
formé. Celui-ci quoique fait de particules pierreuses qui par la suite doivent devenir des pierres, est cependant encore mol alors. Du nombre
des coquilles qui y sont roulées par
les eaux, la plûpart, pour ne pas dire
toutes, s'y déposent & y sont fixées
pour toujours, parce que la pierre
se forme & se durcit autour d'elles.
Ainsi nous voyons la surface actuelle
de la terre formée d'une matiere autrefois molle, &, dans le tems qu'elle
étoit molle, propre à recevoir dans
ses masses en quelque lieu que ce soit,
les coquillages & toutes les autres matieres que les eaux y avoient entraî-

nées. Il est donc évident que ces coquilles & autres matieres doivent
avoir été reçues dans les lits de pierres, & que ç'auroit été un miracle
qu'elles ne s'y fussent pas attachées.

La seule Histoire que nous ayons
de cette fameuse catastrophe, nous
dit expressément, que les montagnes
furent couvertes d'eau jusque par-
dessus leurs sommets. En supposant
ou que ces montagnes ont été formées depuis par l'élévation des couches, ou qu'elles existoient alors; en
supposant que quelques-unes de celles que l'on voit à présent ont eu une
de ces origines, & quelques autres
l'autre, il faut toujours que les unes
& les autres contiennent absolument
des coquilles dans leurs couches so-
lides à la surface : & nous ne trouvons pas qu'il y en ait plus avant ;
si elles sont formées par l'élévation
successive des couches, il faut que
ces couches aient été assujetties au
hazard commun de recevoir en elles
des coquilles quand elles étoient pla-
tes, & que ces coquilles ayent été élevées dans leurs différens lits : ou bien si

elles exiſtoient avant l'âge du déluge, elles doivent avoir été couvertes alors par les eaux. & de même
que les autres parties du globe, avoir
été recouvertes par les ſédimens de
ces eaux qui ont fait une nouvelle
croûte. Il n'eſt pas facile de déterminer à quelle hauteur des corps
auſſi légers que les coquilles peuvent
avoir été élevés par les agitations
d'un corps ſi immenſe d'eau pendant
les tempêtes ; & par-tout où elles ſe
ſont enfoncées, elles doivent de la
même façon avoir été reçues dans les
lits de pierres encore mols. Les plus
hautes montagnes peuvent ainſi en
avoir été couvertes , ſi , comme
nous en ſommes aſſurés, elles ont
été ſubmergées par les eaux à une ſi
grande hauteur. Et en effet, l'examen
des différentes montagnes que nous
avons traverſées depuis peu , m'a
conduit à imaginer que les unes doivent leur origine à l'un, & quelques-
unes à l'autre de ces évenemens. Je
puis en voir certaines, qui, à mon
avis, ont été viſiblement formées par
la ſeule élévation des couches, qui

étoient autrefois de niveau. Les côtés de celles-ci font raboteux & efcarpés, & ils paroiffent nuds & dans leur figure originelle. Au contraire, je puis diftinguer dans beaucoup d'autres, qu'elles ont reçu une matiere, qui, par fa nature & par toutes fes qualités, eft différente de celle dont elles font compofées en-dedans. Celles-ci ont fans doute exifté dans leur forme actuelle de toute ancienneté. Elles étoient avant le déluge, & furent enfevelies fous fes eaux ainfi que toutes les autres parties du globe. Les côtés & les furfaces de celles-ci font plus unies & plus régulieres que celles des autres, & on n'y voit aucune de ces piéces de couches interrompues & proéminentes, qui diftinguent les autres. Dans certains endroits où un tremblement de terre a entr'ouvert ces montagnes, ou bien où la matiere des couches a été défunie par quelques accidens de cette efpece puiffante, on peut voir que la pierre de la fuperficie qui s'offroit immédiatement à la vue, n'eft autre chofe qu'une croûte, quoique d'une

épaiſſeur conſidérable & de matériaux très-fermes. On peut voir au-
dedans la pierre & la terre qui ſont
d'une eſpece bien différente.

On diſtingue auſſi quelque choſe
de ſemblable dans les pays de plaines
& même en Angleterre. Je me ſou-
viens d'avoir entendu dire au Lord
Edgcombe qu'il y en avoit dans le
pays de Cornouaille. Autant que je
me le rappelle, il avoit coutume de
dire que les mineurs en tirant la
mine d'étaim, diſtinguoient la terre
& les autres lits vers la ſurface, quoique les foſſes fuſſent pouſſées quelquefois à une profondeur conſidérable,
d'avec celles qui compoſoient un aſ-
ſortiment plus ferme & plus régulier
des couches inférieures. Ces couches
dont l'expérience a rendu la différence très-ſenſible, ſont les mêmes
que l'intérieur de ces montagnes en-
croûtées. Dans l'un comme dans l'autre cas, c'étoit de la terre ferme avant
le déluge ; & les lits moins réguliers
qui ſont au-deſſus dans un endroit,
ainſi que ceux qui coūvrent la ſurface
de la montagne dans un autre, ſont

fans doute des additions faites par les
fédimens des eaux du déluge.

Il y a en cela plus qu'il n'en paroît
à l'extérieur. J'ai entendu des Natu-
ralistes fort célébres, s'étonner comment des parties de poiſſons de mer
s'étoient trouvées enſevelies dans des
couches formées au tems de la création de la terre. Les deux grandes
périodes d'où nous devons partir pour
examiner l'état actuel de la terre,
font la création & le déluge ; l'une
ou l'autre ſuffira pour expliquer toutes les apparences actuelles des choſes ; mais le dernier en explique davantage, parce que ſes fragmens ſont
tout ce que nous voyons de toutes
parts & non la face de la création qui a
été enſevelie ſous ſes eaux. Ceux qui
veulent expliquer l'immerſion des
coquilles dans les couches originelles, ſoutiennent que les eaux primi-
tives du chaos ont ſéjourné pendant
pluſieurs ſiécles ſur la face de la terre ;
ils diſent que pendant ce période il y
a eu du tems aſſez, pour la multiplication des différentes eſpeces de coquillages, qui tous ont été créés dès

le commencement : de forte que ces
multitudes peuvent avoir été enterrées par la trop grande quantité de
cette multiplication dans les couches
qui ont été formées fi long-tems
après. Mais ce fyftème, outre quelques contradictions avec les termes
clairs & précis de cette Hiftoire,
qui eft la feule relation que nous
ayons de cet évenement remarquable, ne fuffit pas pour expliquer les
grandes multitudes que nous voyons
de coquilles en différens lieux.

Mon ami me dit que c'eft un nouveau fyftème que j'ai avancé fur ce
fujet ; mais il ne le défapprouve point
entiérement. Je fuis convaincu de fa
vérité par le témoignage de mes
yeux. C'eft argumenter fur une chofe qui n'exifte pas, que de vouloir déterminer le tems & la maniere dont
les coquillages fofliles ont été logés
dans les couches de la terre primiti-
ve ; car il ne s'y en rencontre aucuns :
tout ce que nous voyons par hafard
de la furface & de la ftructure de la
terre, c'eft une furface qui a été
formée par le fédiment des eaux du
déluge ;

déluge, & c'eſt uniquement dans cette ſurface que les coquillages foſſiles, les dents de poiſſon & autres fragmens de ſubſtances animales & végétales ſe rencontrent. Dans toute la ſurface qui couvre les montagnes plus unies, ſoit qu'elle ſoit de rocher ou de terre, nous avons vû de ces coquilles foſſiles : mais dans leurs parties plus intérieures, où on découvre par hazard les couches originales, on n'en voit jamais aucunes. J'avoue que dans les montagnes, dont les côtés ſont eſcarpés, & qui ſemblent formées par les couches élevées au-deſſus du niveau de la ſurface, nous trouvons par-tout des coquilles; mais je ne ſçavois pas que les plus profondes de ces couches ou celles qui ſont les plus proches du pied des montagnes, étoient élevées d'une profondeur au-delà de ce que la croûte, laiſſée par le déluge dans cette partie, s'eſt étendue. Il s'y trouvoit des coquilles auſſi bien que dans les rochers qui formoient les croûtes des autres, & ainſi, ſuivant mon ſiſtême, il doit y en avoir. Si

Tome II.   **P**

ces côté font ainſi eſcarpés, c'eſt
une marque qu'ils ſont d'une plus
fraiche date que le déluge ; puiſque
s'ils avoient été auparavant, ils auroient été couverts comme les autres : & comme ils doivent donc a-
voir été élevés depuis le déluge, il
faut qu'ils ayent été formés des couches dépoſées dans les plaines, d'où
ils ont été élevés depuis le tems du
déluge ; & conſéquemment, nous
avons les mêmes raiſons de nous attendre que les coquillages y ont été
plongés, que nous avons à l'égard
des couvertures des autres montagnes, & en effet nous y en trouvons.

Ce qui confirme encore plus mon
opinion, c'eſt que toutes les fois que
quelques-uns des grands accidens de
la nature entrouvrent une montagne de cette ſtructure, nous voyons
que ſes couches les plus intérieures
contiennent de ces corps foſſiles
auſſi bien que les autres : au contraire, on ne les trouve dans les
autres qu'à une certaine profondeur
audeſſous de la ſurface, & jamais
dans les parties centrales où elles ſe

dévelopent. C'eſt un ſiſtême qui vaut
bien la peine d être établi ou d'être
réfuté. Je le laiſſerai là uniquement
pour réponſe à une queſtion que je
vous prie de faire à notre illuſtre &
ſçavant ami, dont je vous ai déja
parlé une fois. Je ſoupçonne que les
coquillages foſſiles de Cornouaille
ne doivent ſe trouver que dans les
couches ſupérieures . ce que les mineurs appellent le *faſt*, eſt ſans doute la même choſe que ce que je diſtingue dans ces montagnes ci ſous le
nom de couches originelles : & je ſuis
aſſez vain pour être perſuadé qu'on
ne trouve, dans cette partie des couches, pas un fragment de ce genre
extraordinaire. Si cela ſe trouve juſte,
j'ai raiſon à coup ſûr. Tous les coquillages foſſiles & les parties de
plantes & d'animaux que l'on rencontre, tirent leur origine du déluge ; & toute la ſurface de la terre, les lits & les carrieres, dans
leſquels on les trouve, ſont compo-
ſés du ſédiment que ſes eaux ont dé-
poſé. Si le cas ſe trouve autrement,
ſi ces corps étrangers ſe rencontrent

dans le *faſt* au pays de Cornouaille, ou dans les entrailles des montagnes en Italie , mon ſiſtême eſt à vaux-l'eau ; pour lors explique qui voudra la maniere dont ces coquillages y ſont venus. Pour moi je me tais.

Fin du Tome ſecond.

BIBLIOTHEQUE ROYALE

www.ingramcontent.com/pod-product-compliance
Lightning Source LLC
LaVergne TN
LVHW050350060726
842524LV00002B/312